Zivilcourage ist wichtig, ebenso eine funktionierende Zivilgesellschaft. Aber selbst wenn beides vorhanden wäre, könnte damit allein der Aufstieg der NPD nicht gestoppt werden. Der »Aufstand der Anständigen« bleibt Stückwerk ohne den »Aufstand der Zuständigen«. Der allerdings ist in Sachsen die Ausnahme. Stück für Stück verankert sich die extreme Rechte in der Mitte der Gesellschaft. Auf der Straße, in den Köpfen, in den Parlamenten ...

Kerstin Köditz dokumentiert und analysiert das Agieren der Neonazis und der Gegenwehr. Sie berichtet über Strategie, Positionen und Personen der extremen Rechten. Sie weiß: Je weniger links die Linke ist, desto rechter wird die Rechte.

Kerstin Köditz, geboren 1967, lebt in Grimma. Studium der Philosophie, Soziologie und Geschichte in Leipzig, Magistra Artium. Seit 2001 Landtagsabgeordnete in Sachsen. Sie ist Sprecherin für antifaschistische Politik der Linksfraktion. Zahlreiche Buch- und Zeitschriftenbeiträge zur extremen Rechten, umfangreiche Referentinnentätigkeit zum Thema.

Kerstin Köditz

UND MORGEN?

Extreme Rechte in Sachsen

VERBRECHER VERLAG

Erste Auflage
Verbrecher Verlag Berlin 2009
www.verbrecherei.de

Satz: Christian Walter

ISBN: 978-3-940426-17-8

Printed in Germany

Der Verlag dankt Christine Bawaj.

Vorwort

Warum eigentlich noch ein Buch über Nazis in Sachsen? Gibt es nicht schon zur Genüge bedrucktes Papier zu diesem Thema? Es gibt journalistische Arbeiten, bei denen der Ausflug nach Sachsen zu einer Reise auf einen fernen Kontinent, ins Herz der Finsternis, gerät. Es gibt die Werke von Rechtsextremismusexperten, die sich in den ostdeutschen Kleinstädten auskennen wie in ihrer Westentasche. Doch tragen sie meistens keine Weste, daher verlegen sie das gut zwanzig Kilometer östlich von Leipzig gelegene Wurzen souverän in den Norden. Wir Eingeborenen merken es und reagieren verschnupft. Es gibt die Analysen der Extremismusexperten mit Lehrstuhl, meistens erstellt von den Schülern dieser Professoren, die mit ihren Beiträgen zu Sammelwerken den ersten Zugang zum Zitierkartell erhalten. Handelt es sich um Experten, die an sächsischen Hochschulen lehren, endet die Untersuchung mit dem obligatorischen Nachweis, dass der linke Extremismus mindestens ebenso schlimm ist wie der rechte und der rechte weniger gesellschaftlichen Einfluss hat. Es gibt die Bücher, die sich auf einen Bereich der extremen Rechten beschränken, sei es die NPD, sei es die Szene der Freien Kameradschaften. Darunter finden sich Schnellschüsse ebenso wie hervorragende Studien.

Dieses Buch ist anders. Es will auch anders sein. Es ist weder aus der Sicht einer außenstehenden Wissenschaftlerin noch aus der einer beobachtenden Journalistin geschrieben. Ich lebe in Sachsen. Ich lebe mit der extremen Rechten in Sachsen. Erstens geht das gar nicht anders in Sachsen. Zweitens sitzen mir Holger Apfel und Co. als Abgeordnete im Landtag direkt gegenüber. Buchstäblich. Denn die berühmt-berüchtigte Hufeisentheorie, wonach sich die Extreme einander annähern, ist im Landtag architektonisch umgesetzt. Doch nicht ganz. Zwischen den Extremen sitzt die Regierung. Sie bildet sozusagen einen Extremismus und Mitte. Und bei uns in Sachsen wird tatsächlich nicht nur gelegentlich deutlich, dass die Mitte das eigentliche Problem ist.

Bei Demonstrationen bin ich ein beliebtes Fotoobjekt der Nazis. Zuletzt baute sich am 13. Februar dieses Jahres bei der jährlichen Großdemonstration der Neonazis Andreas Storr, ein Mitarbeiter der NPD-Landtagsfraktion, vor dem Hauptbahnhof Dresdens demonstrativ vor mir auf und lichtete mich und meinen Mitarbeiter ab. Selbstverständlich kennen mich die Nazis. Sie mögen mich nicht. Und das ist auch gut so. Die Abneigung beruht auf Gegenseitigkeit. Ich bin Sprecherin für antifaschistische Politik der Linksfraktion im Landtag. Ich beschäftige mich beruflich mit den Neonazis jeglicher Couleur. Denn Braun hat viele Schattierungen.

Dies ist auch außerhalb des Landtages nicht zu übersehen, sofern man die Augen in seiner Umwelt offen hält. Unter die Gegner des Anbaus von genmanipulierten Kartoffeln in der Nähe meines Wohnortes Grimma mischt sich ein auf den ersten Blick ganz normal erscheinendes jüngeres Paar mit Kinderwagen, das seinen fair gehandelten Kaffee trinkt, den Kartoffelkuchen aus ökologisch angebauten Feldfrüchten isst und interessiert nach Flugblättern und sonstigem Material greift. Der zweite Blick lässt bemerken, dass die Frisur des Vaters von einem scharf gezogenen Scheitel dominiert wird und am Rucksack eine kleine Schwarze Sonne, ein Szenesymbol, zu finden ist.

Das Haus, in dem sich mein Wahlkreisbüro befindet, ist mit der Parole »Roten Faschismus zerschlagen« beschmiert worden. Das Strafverfahren wegen eines anonymen Drohbriefes, der mich fast gleichzeitig erreichte, ist längst eingestellt worden. Solche Vorkommnisse sind glücklicherweise keine alltäglichen. Doch sind sie nicht so ungewöhnlich, dass sie Schlagzeilen machen. Man lebt eben damit. Man lebt damit, dass an fast jedem Wochenende irgendwo in Sachsen Büros der LINKEN angegriffen, ihre Fensterscheiben zerstört werden. Die Aufklärungsrate tendiert gen Null. Das ist der Alltag.

In diesem Buch will ich von meinen Erfahrungen mit den Rechten sprechen und Überlegungen anstellen. Die Situation im Bundesland Sachsen ist eine Ausnahmesituation in der Bundesrepublik. Noch. Noch ist Zeit, aus den zahllosen Fehlern zu lernen, die in Sachsen beim Umgang mit der extremen Rechten gemacht worden sind und gemacht werden. Dass Sachsen zur Hochburg der extremen Rechten geworden ist, dass sich die Entwicklung der extremen Rechten in Sachsen auf diese Weise vollzogen hat, ist keineswegs ein Zufall, wie ich in den folgenden Kapiteln zeigen werde.

Der derzeitige Zustand gibt keinerlei Anlass zur Entwarnung. Die NPD sitzt im Landtag und in allen Kreistagen. Der alljährliche »Trauermarsch« der Jungen Landmannschaft Ostdeutschlands zum Gedenken an die Opfer der Bombardierung Dresdens am 13. / 14. Februar 1945 hat sich zum europaweit größten Naziaufmarsch entwickelt. Im sächsischen Riesa hat der Deutsche Stimme Verlag der NPD seinen Sitz. Dieser größte Verlags- und Versandhandel der extremen Rechten, einer von insgesamt siebzehn dieser Art in Sachsen, hat Ausstrahlungskraft weit über sächsische Landesgrenzen hinaus. Die »Gedächtnisstätte« in Borna ist zum festen Anlaufpunkt für alte und neue Nazis bundesweit geworden. Die Idee des »Freien Netzes« als konspirative Organisationsform »Freier Kräfte« der Neonazis hat bereits Nachahmer in Süddeutschland gefunden.

Die große Mehrheit im Land ist oft nur mit Teilbereichen des Gesamtproblems konfrontiert. Der gutwillige Kommunalpolitiker, der gegen die Dominanz der Rechten im Jugendclub seines Dorfes kämpft, ist zufrieden, wenn er die Rechten vor Ort kurzfristig verdrängt hat. Dass der gleiche Übernahmeversuch umgehend zwei Orte weiter gestartet wird, hält er nicht mehr für sein Problem. Er wird erschrocken abwehren, wenn ich ihm erkläre, dass die Arbeit gegen die extreme Rechte nicht zum Nulltarif zu bekommen ist, er deshalb nicht die Ein-Euro-Jobberin als Betreuerin im Jugendclub einsetzen möge, sondern sich schleunigst um eine qualifizierte Fachkraft in Festanstellung kümmern muss. Auch die Feuerwehr, die unter Personalmangel sowie schlechter und unzureichender Ausrüstung leidet, wird sich zunächst um diese existenziellen Probleme kümmern. Nur wenn ich Glück und einige besonders engagierte Feuerwehrleute als Mitstreiter habe, wird sie sich zudem mit den rassistischen Parolen eines jüngeren »Kameraden« auseinandersetzen. Dass der Fußballverein des Ortes die gleichen Probleme hat, dass dort beispielsweise bei Spielen der B-Jugend antisemitische Sprechchöre gerufen werden, wird diesen Feuerwehrleuten bereits egal sein.

Es gibt viel zu viele Baustellen dieser Art im Freistaat und viel zu wenig Bauleute. Wenn die Zuständigen die Probleme verschweigen, können und werden die möglichen Verbündeten, die Anständigen, sagen, dass sie von nichts gewusst haben. Oft stimmt dies sogar. Sie erfahren häufig erst etwas, wenn es einen Skandal gibt, der nicht mehr verschwiegen werden kann. Die Anständigen verzweifeln dann, wenn die Zuständigen den Skandal verharmlosen. Wie nach dem rassistischen Pogrom in Mügeln, als der Bürgermeister des Städtchens mit Überzeugung verkündete, es gebe keine rechte Szene in seinem Ort. Die Anständigen verzweifeln, wenn sich die Zuständigen als Teil des Problems erweisen. Wenn der Bürgermeister von Mittweida, dessen Stadt wegen der zahlreichen militanten Übergriffe des »Sturm 34« zu trauriger Berühmtheit gelangt war, der »Aktion Noteingang« für Bedrohte die Unterstützung verweigert, da er befürchtet, seine Stadt könne dadurch, dass das Problem offen zur Sprache kommt, wieder Negativschlagzeilen machen.

Ich leide unter diesen Zuständen. Daher will ich diese Zustände in Sachsen beschreiben. Ich will es nicht bei Ausschnitten belassen, ich möchte das gesamte Panorama zeichnen. Trotzdem wird dieses Buch an etlichen Stellen skizzenhaft bleiben. Ein zehnbändiges Kompendium wäre notwendig, wollte ich alles en detail beschreiben. Weder kann ich diese Arbeit leisten, noch wäre dies den Lesenden zuzumuten. Ich will mich dennoch bemühen, die verschiedenen Erscheinungsformen der extremen Rechten möglichst genau darzustellen: den parlamentarischen Zweig, den aktionistischen und den diskursiven. Auch ihre Opfer sollen nicht zu kurz kommen. Prognosen, so weiß es das Sprichwort, sind immer schwierig, besonders wenn sie die Zukunft betreffen. Trotzdem will ich einen Blick in die Zukunft werfen, indem ich von der Gegenwart auf das schließe, was uns morgen erwartet. Viel Anlass zum Optimismus habe ich nicht.

Wenn die folgenden Kapitel Diskussionen anregen, habe ich ein Ziel erreicht. Wenn Leute sich nach der Lektüre zu eigenem Engagement entschließen, würde ich jubeln. Wenn der eine oder die andere Zuständige die Anständigen, die es in jedem Ort gibt, um sich schart und sie dann gemeinsam beratschlagen, was sie tun können, damit sich die deutschen Zustände in ihrer besonderen sächsischen Ausformung zum Besseren verändern, würde mein Optimismus wachsen.

Grimma, im Februar 2009

Heute die Parlamente …

»Wir gehen in den Reichstag hinein, um uns im Waffenarsenal der Demokratie mit deren eigenen Waffen zu versorgen. Wir werden Reichstagsabgeordnete, um die Weimarer Gesinnung mit ihrer eigenen Unterstützung lahmzulegen. Wenn die Demokratie so dumm ist, uns für diesen Bärendienst Freifahrkarten und Diäten zu geben, so ist das ihre eigene Sache.«

Joseph Goebbels, 1928

»Das wird immer einer der besten Witze der Demokratie bleiben, dass sie ihren Todfeinden die Mittel selbst stellte, durch die sie vernichtet wurde. Die verfolgten Führer der NSDAP traten als Abgeordnete in den Genuss der Immunität, der Diäten und der Freifahrkarte. Damit waren sie vor dem Angriff der Polizei gesichert und durften sich mehr zu sagen erlauben als gewöhnliche Staatsbürger und ließen sich außerdem die Kosten ihrer Tätigkeit vom Feinde bezahlen.«

Joseph Goebbels, 1933

Ein Sommertag Ende August 2008. Der im Juni gewählte Kreistag im neuen Landkreis Meißen tritt zu seiner konstituierenden Sitzung zusammen. Noch bewegen sich die Abgeordneten ein wenig unsicher. Noch ist nicht alles bloße Routine. Man kennt sich noch nicht so gut, noch nicht einmal innerhalb der Fraktionen. Es gibt neue Gesichter. Und auch der Kreis selbst ist neu, entstanden aus der Zusammenlegung der bisherigen Kreise Riesa-Großenhain und Meißen. Vor allem aber ist eine neue Partei in dem Gremium vertreten. Seit Juni gehören fünf NPD-Funktionäre, tatsächlich nur Männer, dem Kommunalparlament an.

Sie hat man in die letzte Reihe platziert, um optisch zu unterstreichen, dass es sich bei ihnen um die ungeliebten Schmuddelkinder handelt. Die räumliche Abgrenzung soll symbolisch zeigen, dass man mit den Rechtsextremisten nichts zu schaffen hat. Das gewünschte Bild hat sich noch nicht eingeprägt, da wird es schon wieder zerstört. Erstens denken die Neonazis gar nicht daran, sich mit der zugedachten Rolle als Geduldete und Ausgegrenzte zu begnügen, und zweitens kommt ja ohnehin immer alles anders als man es sich gedacht hat.

So dauert es nicht lange, und Mirko Beier, Kreisvorsitzender und designierter Fraktionsvorsitzender der NPD, verliest eine Rede. Er äußert sich zur Rolle und Bedeutung der »nationalen Opposition« im Kreistag Meißen, schwadroniert von der NPD als »Stachel im Fleisch eines volksfernen Parteiensystems«. Erster Schock für die Mehrheit: Beier erfüllt nicht die Erwartungen, denen zufolge NPD-Kommunalpolitiker kaum verständlich reden und ihre Texte kaum lesen können. Deutlich und gut vernehmbar klingen seine programmatischen Tiraden durch den Saal. Zweiter Schock: Man hat überhaupt keinen Beitrag der NPD an dieser Stelle erwartet. Der Tagesordnungspunkt lautete zwar »Erklärungen der Parteien und Gruppierungen«, doch vorgetragen werden sollte eben nur eine gemeinsame Erklärung aller Gruppen im Kreistag – mit Ausnahme der NPD. Die jedoch hat den Plural in der Tagesordnung wörtlich genommen. Man hätte damit rechnen können, wenn man nicht den beliebten Fehler begangen hätte, die NPD zu unterschätzen. Dies sollten nicht die letzten Schocks des Tages bleiben.

Denn der nächste erfolgte umgehend, als der Landrat den Nachweis versucht, dass er – und nur er – Herr des Geschehens ist. Die Folge ist ein Tumult, bei dem es sich sehr schnell als Nachteil erweist, dass die räumliche Distanz im Sitzungsraum so groß wie nur möglich ist. Die beiden NPD-Kreisräte Holger Apfel – der bereits kommunalpolitische Erfahrungen im Stadtrat von Dresden gemacht hat – und Jürgen Werner Gansel, denken gar nicht daran, den Landrat als Autorität zu akzeptieren. Der lautstarke Disput entspinnt sich über zehn Sitzreihen hinweg, die gewohnten Spielregeln werden einfach nicht eingehalten. Apfel und Gansel haben hinreichend gelernt, auf welche Weise man Tabubrüche zielgerichtet einsetzen kann, um erst den Saal und dann die Medienberichterstattung zu beherrschen.

Der Landrat lernt schnell, dass er es nicht mit der dritten Garnitur der NPD-Parlamentarier zu tun hat. Der frisch gebackene Kreisrat Holger Apfel ist immerhin zugleich stellvertretender Parteivorsitzender und Fraktionsvorsitzender im Landtag. Sein Kollege Jürgen Gansel wiederum, Westimport wie Apfel, gilt als der Chefideologe der NPD im Landtag und als derjenige, der immer wieder jene Skandale erzeugt, die den Gesinnungsgenossen signalisieren, dass man die richtigen Leute ins Parlament geschickt hat.

Vermutlich tut der Landrat sogar gut daran, erst gar nicht den Versuch einer inhaltlichen Intervention zu unternehmen. Der völkischen Propaganda Mirko Beiers hätte er wahrscheinlich ohnehin nicht wirksam begegnen können. Und trotzdem: Er hätte vorbereitet sein können auf das, was sich heute in seinem Kreistag abspielt. Hätte. Er hätte wissen können, dass die NPD unbedingt eine Scharte aus der letzten Legislaturperiode auswetzen will. 2004 nämlich waren drei NPD-Leute in den Kreistag Meißen eingezogen. Beendet worden war die Wahlperiode ohne die NPD. Zwei ihrer Mandatsträger, darunter der Landtagsabgeordnete Mirko Schmidt, hatten die Partei im Streit verlassen, ein weiterer schied wegen Wohnortwechsels aus. Im früheren Kreis Riesa-Großenhain waren die Nazis dagegen nicht im Kreistag vertreten gewesen. Dafür kommen nunmehr alle fünf neuen Räte aus diesem Kreisteil. Hier ist der Sitz des NPD-Organs Deutsche Stimme, hier hat die NPD seit dem Jahr 2000 die Ressourcen gebündelt. Jetzt hat man die Ernte eingefahren.

Ein kurzer Blick auf die Kandidatenlisten hätte schon genügt, um zu registrieren, dass die NPD wild entschlossen zu sein scheint, den Kreis zur Vorzeigeregion für ihr Agieren in der Kommunalpolitik zu machen. Ein weiterer Landtagsabgeordneter, Alexander Delle, scheiterte zwar mit seiner Kandidatur, bleibt aber als ehrenamtlicher Fraktionsgeschäftsführer in die Arbeit eingebunden. Mit Peter Schreiber, einem ehemaligen Finanzbeamten, der früher Spitzenfunktionär der Jugendorganisation der REPublikaner gewesen ist, hat man in der Fraktion zudem einen Mandatsträger, der in der Lage ist, einen Haushaltsplan zu lesen und kritische Nachfragen dazu zu stellen. 5,7 Prozent hat die NPD im Kreis Meißen am 8. Juni 2008 erreicht. Fast hätte es zu sechs Mandaten gereicht. Dann hätte für die NPD mit Gisela Böhmer auch eine Frau im Kreistag gesessen.

Was tun? Nun, man grenzt die NPD nicht nur räumlich aus, sondern sorgt dafür, dass sie in dem Kommunalparlament so wenig Mitwirkungsmöglichkeiten hat wie es nur irgendwie geht. Es wurde nach Kräften an Geschäftsordnung und Hauptsatzung gebastelt. Ein Ergebnis von 5,7 Prozent sollte demnach nicht zur Bildung einer Fraktion ausreichen. Unter demokratischen Gesichtspunkten ein fragwürdiges Verfahren. Das Vorgehen wird noch anrüchiger, wenn wir eine Folgewirkung dieses Handelns betrachten. 16 Prozent der gewählten Kommunalabgeordneten im Kreistag wären damit nämlich fraktionslos oder faktisch dazu gezwungen, sich einer der großen Parteien zuzuwenden.

Natürlich war die NPD nicht bereit, dies einfach hinzunehmen. Peter Schreiber blieb es vorbehalten, die Änderungsanträge seiner Partei einzubringen und zu begründen. Das Agieren der so genannten demokratischen Parteien sei schlicht undemokratisch. Dies wüssten sie ganz genau. Schließlich sei andernorts bereits erfolgreich gegen solche Fraktionsmindestgrößen geklagt worden. Die Anträge der NPD wurden abgelehnt. Erwartungsgemäß. Ebenso erwartungsgemäß kündigte darauf die NPD an, nunmehr juristisch gegen die Entscheidung vorzugehen. Ein einziger Kreisrat argumentierte inhaltlich gegen die NPD. Er merkte an, es könne wohl nur zynisch genannt werden, wenn die NPD in diesem Fall auf Minderheitenrechte poche, ansonsten Minderheiten aber gerade keine Rechte zugestehen wolle.

Wölfe bleiben Wölfe, wenn sie einen Schafspelz umlegen. Meistens jedoch macht sich die NPD noch nicht einmal diese Mühe. Sie tritt als Wolf im Wolfspelz auf.

Dass jemand bei einer demokratischen Wahl gewählt wird, macht ihn noch lange nicht zum Demokraten. Der Nachweis, dass die NPD undemokratisch ist, lässt sich leicht erbringen. Beispiele dafür gibt es viele, wissenschaftliche Analysen ebenso. Trotzdem scheuen sich die meisten Landräte, Kreisverwaltungen und Kommunalabgeordneten vor einer offensiven inhaltlichen Auseinandersetzung zurück. Stattdessen verständigt man sich auf ein formales Vorgehen und beschwört die Floskel von der »Gemeinsamkeit der Demokraten«. Eine Gemeinsamkeit, die selbstverständlich nicht existiert. Demokratie lebt von Unterschieden und Meinungsverschiedenheiten. Wir bewegen uns schließlich in einer Gesellschaft und nicht in der gleichförmigen »Volksgemeinschaft« der Nazis. Natürlich sollte man gemeinsam nach Strategien zur Zurückdrängung der NPD und anderer Parteien der extremen Rechten suchen. Aber sollte man deshalb auf eigene Lösungsansätze, Schwerpunkte und Forderungen verzichten? Damit, meine ich, würden wir uns selbst wehrlos machen, da der kleinste gemeinsame Nenner über das politische Handeln bestimmen würde.

Ein Beispiel dafür aus meinem direkten regionalen Betätigungsfeld, dem Landkreis Leipzig. Während des Wahlkampfes thematisierte ich immer wieder das Problemfeld Integration und wurde auch selbst immer wieder darauf angesprochen. Es gibt in unserem Landkreis rund zwei Prozent Menschen ohne deutschen Pass. Das ist herzlich wenig. Im neuen Kreisteil bestehen allerdings drei Heime für Menschen, die aus ihren Ländern fliehen mussten. Und vor allem leben bei uns zahlreiche Personen, die aus den Staaten der ehemaligen UdSSR stammen. Es gibt zahllose so genannte »Integrationsprobleme«.

Ausdruck davon war nicht zuletzt eine Demonstration von rund 20 Asylsuchenden Anfang Dezember 2008 in der

Kreisstadt Borna. Beklagt wurden Schikanen durch das Ausländeramt sowie besondere Härten, die in anderen Kreisen nicht bestünden. Natürlich ist es nicht hinnehmbar, wenn die Betroffenen gezwungen werden, über Jahre getrennt von ihren Frauen zu leben. Eine Geldstrafe über 70 Euro, kassiert wegen Reisens ohne Urlaubsschein, ist ein Vermögen, wenn man monatlich nur gut zehn Euro Taschengeld bekommt. Die Passanten in Borna konnten nicht sehen, weshalb die Flüchtlinge in der Kälte standen. Ihre mitgebrachten Transparente durften sie nicht entrollen. Sie hatten vergessen, das entsprechende Häkchen in das Feld des Anmeldeformulars zu machen. Geholfen hatte ihnen niemand beim Ausfüllen.

Grund genug also zu fordern, dass die bisher ehrenamtliche Tätigkeit des »Ausländerbeauftragten« ersetzt wird durch einen hauptamtlichen Integrationsbeauftragten, dem zur Unterstützung ein Integrationsbeirat an die Seite gestellt werden sollte. Es gehört zu den Spielregeln der Demokratie, dass man mit solchen Forderungen in der Minderheit sein kann. Dass dann allerdings nach der entsprechenden Sitzung der Landrat unsere Fraktionsvorsitzende kritisiert, da sich durch den Antrag die NPD provoziert fühlen könne, zeugt nicht mehr von einem Demokratiebegriff, sondern nur von Feigheit.

Der »Konsens der Demokraten« ist erste Bürgerpflicht in den Kreistagen. Fast alle Lokalpolitiker haben Angst davor, aus eben diesem Konsens auszubrechen. Das Dogma, dass Kommunalpolitik reine Sachpolitik sei und mit Parteipolitik oder gar Ideologie nichts zu tun habe, fördert die Sehnsucht nach dem Konsens, nach der gemeinsamen Suche nach der besten Lösung für »unsere Menschen«. Dass es sich dabei nicht um eine abstrakte Gattung handelt, sondern um lebendige Wesen aus Fleisch und Blut mit konkreten, teilweise gegensätzlichen Interessen, wird ausgeblendet. Und wenn wir Demokraten zu einer gemeinsamen Front gegen die NPD kommen wollen, so muss offener Streit vermieden werden, so will es das Dogma. Gegensätzliche Positionen werden nicht mehr in öffentlichen Sitzungen debattiert, sondern bereits im Vorfeld in den Ausschüssen »geklärt«. Weiterhin bestehende Differenzen werden für die Öffentlichkeit unter den Teppich gekehrt. Und so wird die Demokratie geopfert, um – im Konsens! – eine Geschäftsordnung verabschieden zu können, die angeblich hilfreich im Kampf gegen die NPD sei.

Kleinere Fraktionen werden skrupellos benachteiligt. Einzige Begründung dafür: das schadet der NPD. Wenn sie keine Fraktion bilden darf, so die Argumentation, stehen ihr auch die Gelder für die Fraktionsarbeit nicht zu. Das betrifft allerdings auch alle anderen kleinen Parteien. Demokratieabbau zum Schutz vor den Nazis ist so sinnvoll wie Selbstmord aus Angst vor dem Tod. Die Demontage der Demokratie trifft stets jene zuerst, die Demokratie einfordern. Nachdem die NPD medienwirksam ihren Neujahrsempfang im Plenarsaal des Landtages durchgeführt hatte und ihre Leute dort schon einmal zur Probe Platz auf der Regierungsbank genommen hatten, durfte dieser größte Saal des Landtages von keiner Fraktion mehr genutzt werden. Die einzige Partei, die das vorher getan hatte, war die PDS, die dort regelmäßig Treffen mit Bürgerinitiativen gegen Privatisierung, für Umweltschutz oder für ein besseres Schulwesen durchgeführt hatte. Übrigens: Die Nazis führen ihren Neujahrsempfang zuletzt im Januar 2009 unter Anwesenheit fast der gesamten Prominenz der Szene durch. Nur nutzen sie jetzt nicht mehr den Plenarsaal, sondern den Flur vor ihren Fraktionszimmern. Der Propagandaeffekt ist beinahe der gleiche.

Da die Nazis zum 13. Februar, dem Jahrestag der Bombardierung Dresdens, den Landtagsvorplatz für die Auftaktkundgebung ihrer traditionellen Großdemonstration genutzt hatten, wurde umgehend durch den Landtagspräsidenten verfügt, dass dieser Platz künftig nur noch eingeschränkt genutzt werden dürfe. Im Schreiben des Landtagsdirektors vom 3. Mai 2005 wurde den Fraktionen mitgeteilt, dass »der Landtagsvorplatz für Demonstrationen nur noch an Sitzungstagen des Sächsischen Landtags sowie seiner Ausschüsse mit einem konkret nachvollziehbaren Zusammenhang zu den Themen des jeweiligen Plenartages bzw. zur Tagesordnung der Ausschüsse überlassen wird«. Wer aber hatte dort in der Vergangenheit vor allem demonstriert? Es waren die Gewerkschaften mit Forderungen der Lohnabhängigen und im Sozialbereich. Es waren Eltern, Schüler und Lehrer im Kampf um den Erhalt von Schulstandorten und für bessere Lernbedingungen. Es demonstrierten Studierende gegen ein undemokratisches und neoliberales Hochschulrecht und die Kritiker einer ebenso undemokratischen Funktional- und Verwaltungsreform.

Selbstverständlich kann man solche restriktiven Regelungen umgehen – sie werden auch umgangen. Die Einschränkung des Grundrechts auf Demonstrationsfreiheit führt zum positiven Effekt, dass die Zusammenarbeit zwischen

Abgeordneten und außerparlamentarischen Akteuren verstärkt wird. So sorgen wir als Abgeordnete selbstverständlich dafür, dass zum geplanten Termin einer Demonstration ein entsprechender Antrag zum Thema auf der Tagesordnung des Landtags steht. Einfach ist das nicht. Schließlich nimmt so eine Tagesordnung erst ein bis zwei Wochen vor dem Sitzungstermin Gestalt an. Eine recht kurze Zeitspanne für die Mobilisierung zu einer Demonstration. Am Schlimmsten aber ist: Die Ausübung eines Grundrechts wird abhängig gemacht vom Terminplan von 124 Parlamentariern.

Wer die Neonazis erfolgreich zurückdrängen will, muss selbst Engagement zeigen, muss die Bürger sprechen und Phantasie entwickeln. Jede repressive Maßnahme seitens der Politik ist in diesem Bereich lediglich ein deutlich erkennbares Zeichen von Angst. Und diese Angst zeigt den Nazis, dass sie im betreffenden Fall einen erfolgreichen Weg eingeschlagen haben. Sie werden die jeweilige Methode also verstärkt anwenden. Ein Beispiel auch dafür: Seit dem Einzug der NPD in den Landtag in Mecklenburg-Vorpommern – am 5. Oktober 2006 – sind die kommunalen Parlamentarier der Partei in Sachsen spürbar aktiver geworden. Oft wird die gesamte Partei in deren Arbeit mit einbezogen. War es bis dato üblich gewesen, dass lediglich ein Kreis- oder Stadtrat der Neonazis zu ausgewählten Themen einen in der Regel vorbereiteten und schlecht vorgelesenen Redebeitrag beisteuerte, so redeten plötzlich alle Gewählten der Partei und bedienten sämtliche Tagesordnungspunkte. Es war nicht zu überhören, dass es entsprechende Schulungen und eine gemeinsame inhaltliche Vorbereitung gegeben hatte.

Dieser Vorbereitung entsprach eine offensive Einbeziehung der Aktiven und des engeren Umfeldes. Von einem Tag auf den anderen bestimmten plötzlich die Neonazis das Bild bei den Bürgerfragestunden zu Beginn jeder Kreistagssitzung. Die Neonazis im Publikum schreckten selbst vor der Einschüchterung von Abgeordneten der anderen Fraktionen nicht zurück. Es waren keineswegs nur die bekannten NPD-Kader, die auf diese Weise ihren Auftritt bekamen. Da war einerseits der langjährige DSU-Kreisvorsitzende Peter Köppe, den seine Partei später wegen zu großer NPD-Nähe ausschließen sollte, nachdem sie selbst wiederum einige bisherige hochrangige NPD-Funktionäre aufgenommen hatte. Da gab es andererseits den parteilosen Gerd Fritzsche, der bei der Bürgermeisterwahl in Borsdorf im Januar 2006 fast zehn Prozent der Stimmen errungen hatte, obwohl seine umfangreiche Autorentätigkeit in mehreren Zeitschriften der extremen Rechten öffentlich gemacht worden war. Um diese Politprofis gruppierten sich dann die jüngeren Kader der NPD und aus den Freien Kameradschaften, die so zu ihren ersten öffentlichen Auftritten kamen. Sie alle fragten. Sie hatten so viele Fragen, dass die Zeit zur Beantwortung kaum ausreichte. So viele, dass andere Bürgerinnen und Bürger fast gar nicht mehr zu Wort kamen.

Für jedes Problem gibt es Lösungen. Der Kreistag des Landkreises Leipzig fand die Lösung, die Fragestunde zeitlich auf zwanzig Minuten zu reduzieren, damit die Nazis weniger Gelegenheit zur Selbstdarstellung haben und somit die Kreisverwaltung weniger häufig in Verlegenheit bringen können. Nach der Kreisreform hat der neue Kreis mehr als doppelt so viele Einwohner und viele Probleme. Die Fragezeit für die Bürger hat sich nicht proportional zur Nachfrage entwickelt.

Die demokratische Lösung wäre gewesen, Bürgerinnen und Bürger zu ermutigen, selbst mit ihren Problemen und Fragestellungen im Kreistag zu erscheinen. Häufig suchen sie ja auch Rat in einem Abgeordnetenbüro, aber meistens sehen sie ihr Problem als individuelles Problem. In Wirklichkeit teilen sie es oft mit einer großen Gruppe anderer Menschen. Der erste Schritt zur Problemlösung besteht darin, dass ich als Abgeordnete erkenne, dass ich nicht allein bin. Das geschieht, indem ich mein Problem öffentlich mache. Mein Ziel ist es, die Eigenaktivität der Menschen zu fördern. Also ermuntere ich sie, den Landrat in einer Kreistagssitzung offensiv mit Mängeln und Fehlern seiner Verwaltung zu konfrontieren und auf Veränderung zu dringen. Wenn solche Menschen das Bild der Fragestunde prägen, ist für die Nazis bald kein Platz mehr, sie werden mit ihrer Polemik weniger Gehör finden.

Doch stattdessen erfolgt – fast widerspruchslos – ein bürokratischer Akt. Und es bleibt der schlechte Nachgeschmack, dass die Vertreter der Wählerinnen und Wähler Angst vor der Meinung genau dieser Wählerinnen und Wähler haben.

Vor allem aber hat die Verwaltung Angst vor Kritik, zumal wenn sie in Anwesenheit der Presse geäußert wird. Also kritisiert die NPD fleißig. Grund genug dazu ist wahrlich vorhanden. Und beileibe nicht alle Fragen und nicht jede Kritik lässt sich mit dem Verweis auf die bekannte NPD-Ideologie und ihre Demagogie abtun. Thematisch wird ein breites Feld abgedeckt. Das reicht von der einengenden Praxis in der Gemeinderatssitzung in Borsdorf, wo jeder Bürger höchstens drei Fragen stellen darf, bis hin zur Rolle des zivilgesellschaftlichen Netzwerks für Demokratische Kultur (NDK) Wurzen, das für das Erstarken des rechten wie eines angeblichen linken Extremismus in der Region verantwortlich gemacht wird. Was der Landrat gegen das NDK zu unternehmen gedenke, wollen die NPD-Sympathisanten wissen. Die Reaktionen des Landrates sind in der Regel alles andere als souverän.

Der Landrat des Landkreises Leipzig, Gerhard Gey, CDU, hasst den Streit, er liebt den Konsens. Gey glaubt an das Gute im Menschen. Man müsse nur miteinander reden, um alle Probleme zu lösen, meint er. Wenn alle sich einig sind, ist Gey glücklich. Behauptet jemand, dass er ihn ungerecht behandelt, ist Gey unglücklich. Und wenn sich der Fraktionsvorsitzende der NPD mit dem Wunsch an ihn wendet, einige »volkstreue Jugendliche« würden gern mit dem Landrat reden, da sie sich und ihre Anliegen von der Kreisverwaltung ausgegrenzt fühlen, verweigert sich Gey dem gewünschten Gespräch nicht.

Wohlgemerkt: Er gehört nicht zum rechten Flügel in der CDU. Er hegt keine Sympathien für Neonazis. Doch kann man ihm eine große Naivität nicht absprechen. Eine größere Naivität als in seinem Amt zulässig ist. Gey kann noch nicht einmal behaupten, er sei nicht gewarnt worden. Der Polizeipräsident der Region hat versucht, ihm das Treffen auszureden. Vergeblich. Das zivilgesellschaftliche Netzwerk für demokratische Kultur hat abgeraten. Der Rat wurde in den Wind geschlagen. Und nicht zuletzt hat mein eigenes Büro in einem zweistündigen Gespräch die absehbaren Konsequenzen schildert. Die Ohren des Landrats sind fest verschlossen gewesen. Und die Konsequenzen haben selbstverständlich nicht auf sich warten lassen.

Die NPD feierte mit der Schlagzeile »Landrat Gey lud volkstreue Jugendliche zum Gespräch« auf ihren Internetseiten. Die Medien wurden aufmerksam, hakten nach und erhielten nicht das erwartete Dementi. Die Negativschlagzeilen folgten umgehend. Gey ruderte schleunigst zurück. Man tue ihm Unrecht: Nicht mit der NPD habe er sich im April 2007 getroffen, sondern nur mit einigen »möglicherweise rechts orientierten Jugendlichen«. Wenig später musste er einräumen, dass auch der Kreisvorsitzende der NPD sowie zwei ihrer Kreisräte an dem Treffen im Landratsamt teilgenommen hatten. Auch bei den Jugendlichen handelte es sich um Nachwuchskader der Neonazi-Partei.

Gey habe, so die NPD, auch finanzielle Zusagen gemacht. 2000 Euro aus Fördermitteln für die Jugendarbeit seien beantragt und zugesagt worden, aus Mitteln des Lokalen Aktionsplans gegen rechts. So wurde die Förderung einer »Studienreise« nach Kärnten beantragt, um mehr über die Minderheitenpolitik der dortigen Landesregierung unter Jörg Haider zu erfahren. Zuerst wurde die Existenz eines solches Antrags insgesamt geleugnet, wenig später – schon etwas kleinlaut – eingeräumt, er sei innerhalb des Hauses nicht zu den Verantwortlichen weitergereicht worden. Keinesfalls aber, so wurde beteuert, sei daran gedacht, dem von einem NPD-Kreisrat unterzeichneten Antrag zu entsprechen.

Es handelte sich bei der Erfolgsmeldung der NPD um eine Ente, allerdings um eine medienwirksame. Die Wellen schlugen hoch, eine Pressekonferenz des sichtlich überforderten Landrats folgte der anderen. Noch während sich die Medien unisono auf Gerhard Gey stürzten, legte die NPD nach. Sie behauptete, die regionale Hartz-IV-Behörde, der »Betrieb für Grundsicherung und Arbeitsbeschaffung« (BGA), habe dem NPD-Kreisrat Tautermann, einem gelernten Baumaschinisten und ehemaligen Gastwirt, eine Arbeitsbeschaffungsmaßnahme in Vollzeit als pädagogische Fachkraft im Jugendclub seiner Heimatstadt angeboten. Das entsprechende Schreiben des Amtes könne als Fax bei der NPD angefordert werden. Tautermann bekam den Job nicht. Im Unterschied zum BGA wusste die zuständige Stadtverwaltung sehr genau, wer vor ihr saß und hatte nicht vor, den Bock zum Gärtner zu machen. Immerhin hat der NPD-Mann für seine Kneipe »Holzwurm« mit dem Slogan »Wo trifft sich der Volkssturm? Im Holzwurm!« geworben. Landrat Gey jedoch versteht die Kritik, die wiederum über ihn hereinbrach, bis heute nicht.

Ist von einem solchen Verwaltungschef zu erwarten, dass er der NPD souverän begegnen kann, wenn diese nicht so dumpfbackig agiert, wie angenommen? Wohl kaum. Immer wieder führt stattdessen die Selbstüberschätzung dazu, dass die Schwäche der Demokraten zur Stärke und zum Erfolg der NPD wesentlich beiträgt. Was tun, wenn die NPD in den Gremien nicht einfach schweigt oder lediglich die üblichen rassistischen Parolen vorträgt? Was tun, wenn die NPD-Abgeordneten besser vorbereitet in die Sitzungen gehen als so mancher Parlamentarier einer anderen Fraktion?

Am Ende des öffentlichen Teils jeder Kreistagssitzung steht der Tagesordnungspunkt »Anfragen der Kreisräte«.

Bis zum 5. Oktober 2006 gab es hier im Muldentalkreis faktisch keine aktive Beteiligung der NPD. An jenem Tag aber änderte sich dies grundlegend. Plötzlich hatten auch sie Fragen, viele Fragen sogar. Sie fragten nach der Zahl der Tafeln für Bedürftige im Kreisgebiet, nach der Zahl derer, die auf sie angewiesen sind, und nach der Entwicklung dieser Zahlen. Sie fragten nach der Entwicklung der Arbeitslosenstatistik und nach der Zahl derer, die trotz Arbeit arm sind und zusätzliche Unterstützung nach Hartz IV beantragen müssen. Sie hatten nicht ausschließlich Anfragen zu sozialpolitischen Themen, doch vorrangig. Konkrete Antworten gab es in den Sitzungen meistens nicht. Die NPD-Kreisräte wurden auf eine spätere schriftliche Antwort vertröstet. Den wenigen Zuschauenden bei den Kreistagssitzungen bot sich das Bild einer agilen und aktiven NPD, die die Kreisspitze in Verlegenheit zu bringen in der Lage ist und jene Themen aufgreift, die den Leuten auf der Straße unter den Nägeln brennen. Der Plan ging also auf.

Folglich lief ab diesem Zeitpunkt jede Sitzung nach dem erfolgreichen Muster ab. Stets waren die Zuschauerränge mit Anhängern und Aktivisten der extremen Rechten gefüllt. Bald waren auch Mitarbeiter von NPD-Landtagsabgeordneten anwesend, später diese selbst sowie Angestellte der Dresdner Fraktion. Wiederum wenig später saßen unter den Zuschauern auch NPD-Funktionäre aus anderen Landkreisen. Manch einer von ihnen ist inzwischen, zwei Jahre später, selbst Abgeordneter in einem sächsischen Landkreis. Der Kreistag des Muldentalkreises wurde unfreiwillig zum Schulungszentrum der NPD.

Wer geschickt ist, baut erfolgreiche Modelle aus. Die NPD

erwies sich als geschickt. Künftig sprach zu jedem Tagesordnungspunkt einer der drei Kreisräte. Zwar keineswegs frei, sondern nach sorgsam vorbereiteten Redemanuskripten, in denen sich so manche Formulierung fand, die ich bereits aus Reden von NPD-Abgeordneten im Landtag kannte. Doch auch mit dieser Einschränkung war das noch mehr als das, was ich von den meisten Kreisräten anderer Parteien gewohnt bin. Die Fragen an den Landrat wiederum wurden hauptsächlich von rechten Zuschauern gestellt.

Wenige Tage vor diesem 5. Oktober 2006 war der Landtag in Mecklenburg-Vorpommern gewählt worden. Die NPD hatte in diesem Bundesland erwartungsgemäß die Fünf-Prozent-Hürde übersprungen. Nach einer Phase der Resignation und des Nachlassens der Aktivitäten vor Ort, verursacht nicht zuletzt durch den Fraktions- und Parteiaustritt von drei Landtagsabgeordneten, gab dieser Erfolg der NPD neuen Mut. Der Aufwind wurde genutzt, um die brachliegende kommunalpolitische Arbeit zu beleben. Wollte man 2009 erneut in den Landtag einziehen, so erinnerte man sich, bedürfte es der kommunalpolitischen Verankerung vor Ort, man benötigt Aktive, deren Gesichter in der Region bekannt sind, Medienaufmerksamkeit ist unverzichtbar.

Im Jahr 2004 beruhte es ebenso auf Zufall wie auf dem allgemeinen Personalmangel der NPD, dass von zwölf ihrer Abgeordneten im Sächsischen Landtag zu Beginn der Legislaturperiode fünf zugleich kommunale Mandate hatten. Vier davon sogar jeweils zwei, da sie in einem Kreistag sowie einem Gemeinde- oder Stadtrat vertreten waren. Es gehört nicht viel zu der Voraussage, dass der nächsten Landtagsfraktion vorwiegend solche Kader der NPD angehören werden, die keine parlamentarischen Frischlinge sind, sondern bereits auf kommunaler Ebene ihre Erfahrungen gesammelt haben. Bei aktuell 44 NPD-Kreisräten in Sachsen, haben sich die Auswahlmöglichkeiten deutlich verbessert.

In den obigen Zeilen liest man von einer anderen NPD in der Kommunalpolitik, als sie die Medien und die Politikwissenschaft mit ihrem simplen Negativbild darstellen. Ich habe den Eindruck, dass häufig mit zweierlei Maß gemessen wird. Will ich ein realistisches Szenario entwerfen, um auch zukünftige Gefahren besser einschätzen zu können, darf ich die NPD nicht für dümmer halten als die mit ihr konkurrierenden Parteien. Oftmals wird diese Grundregel schlicht vergessen. Die Anträge der NPD in den Kreistagen sollen gezählt werden, und es wird beruhigt konstatiert, dass sie keine gestellt hat. Unterschlagen wird bei solchen Milchmädchenrechnungen, dass die NPD laut Geschäftsordnung gar keine Anträge stellen konnte, weil, zum Beispiel, im Muldentalkreis ein Fünftel der Kreisräte einen Antrag hätte unterschreiben müssen. Wer sich nach diesem Einwand noch zu der Frage hinreißen lässt, wie viele Anträge die anderen Fraktionen in den kommunalen Parlamenten gestellt haben, wird erschrecken.

Notwendig wäre eine kritische Auseinandersetzung mit den Kommunalverfassungen, die eine starke Verwaltung gegen schwache Abgeordnetenrechte setzen. Zu hinterfragen wäre das Selbstverständnis jener Fraktionen, die sich ausschließlich als Akklamationsorgan für »ihren« Landrat betrachten. Zu kritisieren wäre die mangelhafte Schulung der eigenen Kommunalabgeordneten durch die demokratischen

Parteien. Lautstark abzulehnen wären Landtagsentscheidungen, die Landkreise in einer Größe schaffen, die mit ausschließlich ehrenamtlicher Tätigkeit kaum noch zu überblicken sind und den Trend zu Beamtenparlamenten fördern. Doch eine solche Kritik wird nicht gern gehört beim Kampf gegen rechts. Wie allerdings will man die NPD wirksam und dauerhaft zurückdrängen, wenn man ihr Handeln nicht gründlich analysiert und dabei mit gleicher Elle misst?

Kehren wir aus dem Muldentalkreis des Jahres 2006 zurück in den Kreistag Meißen des Jahres 2008. Die Früchte des kollektiven Lernprozesses können hier von der NPD eingefahren werden. Die spärlichen Sitzreihen sind weitgehend mit Nazis gefüllt. Diese beklatschen jedes Wort ihrer Kreisräte. Andere politischen Kräfte machen sich nicht bemerkbar. Kaum verwunderlich, wenn man direkt zwischen den Nazis sitzt. Außerdem ist zu fragen, wer hier eigentlich Nazi ist und wer nicht? Das Stereotyp von Bomberjacke, Röhrenjeans und Glatze gehört längst der Vergangenheit an. Immer häufiger sind es auch »ganz normale« Bürger, die sich als Anhänger der Neonazis outen. Zwar gibt es weiterhin eindeutige Codes, doch kennen sie nur wenige.

Dabei ist die Stärke der Neonazis manchmal nur eine scheinbare. Inzwischen kenne ich so manches Gesicht der NPD auf Landesebene und kann feststellen, dass es sich bei den Claqueuren keineswegs ausschließlich um Ortsansässige handelt. Hinter mir sitzen zum Beispiel zwei frischgebackene NPD-Kreisräte aus Nordsachsen. Sie beobachten genau, schmiedeten Pläne, was sie nachahmen könnten und stellen dann doch fest, dass sie sich das alles noch mal von Hartmut Krien erklären lassen müssten, »aber nicht wieder so schnell«. So mancher NPD-Kreisrat ist nicht der Schlauste – doch er bildet sich weiter und wird geschult.

Hartmut Krien ist die Schlüsselfigur für das kommunalpolitische Auftreten der NPD in Sachsen. Als Vertreter des NPD-Organs Deutsche Stimme nimmt er inzwischen wie selbstverständlich auf den Presseplätzen platz. Keine Kreistagskonstituierung, die er versäumt hätte. Im Kreis Mittelsachsen gab er dann den NPD-Kreisräten mittels SMS oder Zetteln die Regieanweisungen. Krien, selbst Stadtrat in der Landeshauptstadt Dresden, ist der Vorsitzende der kommunalpolitischen Vereinigung der NPD auf Bundesebene. Seine Aufgabe ist es, dafür zu sorgen, dass die kommunalpolitische Präsenz der NPD zum Sprungbrett in die Landesparlamente wird. Ein Posten, dem zunehmende Bedeutung zukommt, da die Zahl der NPD-Leute in Kreistagen, Stadt- und Gemeinderäten in den vergangenen Jahren deutlich zugenommen hat und wahrscheinlich bei den kommenden Wahlen weiter steigen wird.

Pannen bei dieser Arbeit sind vorprogrammiert. Wenn diese Fehler dann nicht ausgenutzt werden, ist wieder eine Gelegenheit sträflich ausgelassen, die NPD vorzuführen. Wenn die NPD in Mittelsachsen für je vier Kreisräte einen aus dem Kreishaushalt zu bezahlenden Mitarbeiter fordert – zufällig verfügt sie über genau vier Räte –, andererseits die NPD in Nordsachsen über die »Selbstalimentierung« der anderen Parteien wettert, ist das eine Steilvorlage. Bislang ist es der NPD nicht gelungen, landesweit koordiniert vorzugehen. Gerade zu Beginn der Wahlperiode wäre es deshalb verhältnismäßig leicht, die Widersprüche in der Politik der NPD gegen diese einzusetzen. Unterbleibt dies, kann es für lange Zeit die letzte Gelegenheit gewesen sein. Allerdings müssten die demokratischen Parteien, um Fehler aufzuzeigen, ihren Blick ebenfalls über den Tellerrand des eigenen Kreises werfen.

Der Kreis Meißen bietet das Worst-Case-Szenario bezüglich der Präsenz der NPD. Zu ihm gehört das Mittelzentrum Riesa, die Stadt mit der höchsten Dichte an NPD-Funktionären auf Bundes- und Landesebene. Im Jahr 2000 erfolgte der Umzug der Deutsche Stimme Verlag GmbH aus dem bayerischen Sinning nach Riesa, es wurde ein Gelände gekauft, das zur insolventen Sanitärfirma des dortigen NPD-Stadtrates Jürgen Günz gehört hatte. Etliche hauptamtlich Beschäftigte kamen mit, darunter die heutigen Landtags- und Kreistagsabgeordneten Apfel, Gansel und Delle.

In Meißen war die NPD am Rande der konstituierenden Sitzung des Kreistages das Thema der meisten Pausengespräche. Ob wohl bei uns so etwas passieren wird wie am Vorabend im Nachbarkreis Nordsachsen? Dort hatte die NPD bei den Wahlen der Mitglieder der Ausschüsse jeweils zwei Stimmen mehr erhalten als NPD-Kreisräte anwesend waren. Damit wäre sie in zwei wichtigen Ausschüssen vertreten gewesen und eine eigentlich stärkere Fraktion wäre leer ausgegangen. Der entnervte Landrat legte Widerspruch gegen die Wahl ein, brach die Sitzung kurz entschlossen ab und kündigte eine Wiederholung der Wahl bei der nächsten Zusammenkunft an. Der Skandal war perfekt.

Noch ahnte niemand, dass es sich nicht um eine einmalige Ausnahme handeln würde, sondern um den Beginn eines schleichenden Normalisierungsprozesses. Fast überall, so sollte sich bald herausstellen, verfügt die NPD über Sympathisanten in den Reihen der anderen Fraktionen. Fast überall waren einzelne Kreisräte anderer Parteien – selbstverständlich nur bei geheimen Wahlen – bereit, ihre Stimme NPD-Kandidaten zu geben.

Warum sollte es im Kreistag Meißen anders sein? Bei der ersten Ausschusswahl erhielt die Liste der NPD fünf Stimmen, so viele NPD-Kreisräte waren anwesend. Bei der Wahl zum Verwaltungsausschuss gab es eine zusätzliche Stimme. Damit ist die NPD im Verwaltungsausschuss vertreten. Es ging noch weiter. Bei der Wahl für den Jugendhilfeausschuss erhielt die NPD sieben Stimmen. Selbst der hinlänglich bekannte Holger Apfel bekam mehr als die fünf Stimmen der NPD für die Trägerversammlung der ARGE SGB II Riesa-Großenhain, dem regionalen Amt zu Betreuung der Hartz-IV-Betroffenen. Drei weitere Kreisräte hielten ihn für fähig und würdig, sich um die Belange dieser Menschen zu kümmern. Danach verwunderte es kaum noch, dass der ehemalige Finanzbeamte Peter Schreiber insgesamt neun Stimmen für den Verwaltungsrat der Sparkasse bekam. Und schließlich erhielt der NPD-Kreisvorsitzende Mirko Beier bei der Wahl zum Stiftungsrat der »Stiftung für den Sport des Landkreises Meißen« zehn Stimmen. Nordsachsen blieb leider keine Ausnahme.

Sind der erste und der zweite Schritt erst einmal getan, fällt der dritte leicht. Er erfolgte in diesem Fall im Vogtland mit dem Zentrum Plauen. Ein Kreisrat nutzte die Anonymität einer großen »Einheitsliste« der demokratischen Parteien, um bei der geheimen Wahl den drei dortigen NPD-Kreisräten eine vierte Stimme zu leihen und verhalf ihnen damit zu je einem Sitz im Kreisausschuss sowie im Haushalts- und Finanzausschuss, zwei zentralen Gremien des Kreistages.

Die »Einheitslisten«, auf denen alle demokratischen Parteien mit ihren Kandidaten in genau der Reihenfolge stehen, wie es nach Proporz sein müsste, waren eigentlich erfunden worden, um drohende NPD-Erfolge zu verhindern. Doch bieten sie mit ihrem hohen Maß an Anonymität den Abgeordneten die Möglichkeit, in aller Heimlichkeit das genaue Gegenteil zu machen. Würde hingegen jede Fraktion ihre eigene Liste aufstellen, sähe man, woher die Stimmen kommen, aus denen die NPD den Nutzen zieht. So hingegen muss spekuliert werden. Wer sympathisiert klammheimlich mit den Nazis? Wer wird demnächst für einen Antrag der NPD stimmen? Wird das, was in einer Fraktionssitzung beredet worden ist, wenig später den Nazis mitgeteilt? Ein Klima des Misstrauens und der Verunsicherung entsteht. Mit jedem Kreistag, in dem sich das geschilderte Procedere wiederholt, wächst die Furcht. Bei jeder Wiederholung macht sich Resignation breit. Ein weiterer Schritt zur Normalisierung der NPD ist getan.

Im Kreistag Zwickau hatte man fast schon aufgeatmet. Alles war planmäßig gelaufen. Weder war den drei NPD-Leuten der Fraktionsstatus zuerkannt worden, noch waren sie in Ausschüsse gewählt worden, noch hatten sie gar zusätzliche Stimmen erhalten. Kurz vor Ende der Sitzung dann der Schock. Bei den Wahlen der Vertrauensleute für die Wahlausschüsse an Amtsgerichten erhielten Thomas Schüßler, Ehemann der Landtagsabgeordneten Gitta Schüßler, drei zusätzliche und der Kreisvorsitzende Patrick Gentsch, einst Gitta Schüßlers persönlicher Mitarbeiter und nunmehr bei der Landtagsfraktion beschäftigt, sogar sechs zusätzliche Stimmen. Das Votum hatte keine große Bedeutung, doch die symbolische ist nicht zu unterschätzen.

Zusätzliche Stimmen gab es zudem im Kreistag Erzgebirge, wo der auf der Liste der DSU gewählte ehemalige Landesvorsitzende der REPublikaner inzwischen faktisch eine Koalition mit der NPD eingegangen ist, und im Landkreis Leipzig. Dort erhielt die NPD bei mehreren Wahlen sechs Stimmen, obwohl sie nur vier Mandate innehatte. Allerdings gab es bei einer Wahl plötzlich nur drei Stimmen trotz vollständiger Anwesenheit. Wenig später standen die Kameraden bei der fälligen Krisensitzung stramm und ließen das Donnerwetter ihres Anleiters über sich ergehen. Das war »Kameradschaft« der anderen Art.

Eigentlich hätte das alles nicht überraschen dürfen. Man hätte sich ausrechnen können, dass der NPD im Jahr 2008 der Einzug in alle Kreistage gelingen würde. Man hätte sich nur die Entwicklung in jenen Kreistagen betrachten müssen, in denen die NPD seit 2004 bereits vertreten war, um abschätzen zu können, dass die Verunsicherung der anderen politischen Kräfte beträchtlich sein würde. Doch niemand war letztlich vorbereitet.

2004 war die NPD in nur fünf von damals noch 22 Kreisen erfolgreich angetreten und hatte die überschaubare Zahl von 13 Mandaten errungen. Statt der 1,3 % im Landesmaßstab 2004 erreichte die NPD 2008 5,1 Prozent und 44 Mandate in den verbliebenen zehn Landkreisen nach der Kreisreform. Mindestens drei NPD-Leute sitzen in jedem Regionalparlament. Die früheren Einzelkämpfer gibt es nicht mehr.

Gewiss, Wahlen sind immer nur Momentaufnahmen. Und natürlich spiegeln die Ergebnisse nur die tatsächliche regionale Verankerung wider. Es ist zutreffend, dass noch schlimmere Wahlergebnisse zu befürchten gewesen wären, hätte der NPD mehr zugkräftiges und vor Ort bekanntes Personal zur Verfügung gestanden. Doch das alles kann kein Trost sein. Die Beschwichtigungen, wie sie von Politikwissenschaftlern wie Werner Patzelt und Eckard Jesse umgehend unter das Wahlvolk gestreut wurden, das Wahlergebnis sei ein schlechtes Omen für die NPD, da das Ergebnis deutlich hinter dem Landtagswahlergebnis vom September 2004 zurückbleibe, sind trügerisch. Denn erstens sollte man nur Gleiches miteinander vergleichen, also Kommunalwahlen mit Kommunalwahlen. Und zweitens sollte man dann auch alle Parteien mit der gleichen Messlatte beurteilen. Tun wir dies, dann müssten die Grünen um ihren Wiedereinzug in den Landtag fürchten, die SPD müsste ein weiteres Desaster erwarten. Die aktuellen Umfrageergebnisse sprechen gegen eine solche Annahme. Die NPD wird sicherlich um die erneute Präsenz im sächsischen Landtag kämpfen müssen. Verfrühte Entwarnungen aber können ihr nur nutzen.

Bei den Kommunalwahlen im Juni 2004 hatten viele Beobachter die NPD noch gar nicht auf ihrer Rechnung. Kaum jemand rechnete damit, dass sie dort, wo sie wegen mangelnder Unterstützungsunterschriften nur in einigen Teilen eines Landkreises kandidieren durfte, in den betreffenden Kreistag einziehen würde. In den Kreisen Chemnitzer Land und Freiberg war aber genau dies der Fall. Die besten Resultate waren – fast erwartungsgemäß – in der Sächsischen

Schweiz und im Muldentalkreis, den Hochburgen der NPD, erzielt worden. Konkret stellten sich die Resultate wie folgt dar: Im Landkreis Mittweida reichten 1,4 % nicht für den Einzug in den Kreistag. Aber bereits 1,7 % genügten im Chemnitzer Land für einen Sitz, ebenfalls einen Sitz erreichte die NPD in Freiberg mit 3 %. Mit jeweils über 5 % erreichte die NPD im Landkreis Meißen und im Muldentalkreis je drei Plätze. Sogar fünf Mandate erhielt sie in der Sächsischen Schweiz bei 9,1 %. Dort war der NPD bereits 1999 der Sprung in den Kreistag mit einem Mandat gelungen.

Damals musste die NPD noch überall, wo sie kandidieren wollte, Unterstützungsunterschriften sammeln. Eine personal- und zeitaufwändige Angelegenheit. Genau dabei zeigte sich allerdings, dass die NPD sehr wohl in der Lage ist, politische Ziele mit einer durchdachten Strategie in Angriff zu nehmen. Ein Faktor, der von den meisten kommunalpolitisch Aktiven der anderen Parteien sträflich unterschätzt wurde.

Schon Monate vor dem eigentlichen Wahltermin begann die NPD sichtbar mit den Vorbereitungen. In Wurzen, wo es seit Jahren keine öffentliche NPD-Aktion mehr gegeben hatte, wurde für den 24. Januar 2004 eine Mahnwache gegen »die Repression gegen nationale Jugendliche« auf einem zentralen Platz angemeldet. Der Initiator fungierte gleichzeitig als stellvertretender Wahlkampfleiter der sächsischen NPD. Man hatte ihn eingeflogen.

In den K-Gruppen der siebziger Jahre bezeichnete man das als »Kaderverschickung«, im DDR-Deutsch hieß das gleiche Phänomen »Kreisbeschleuniger«. Dorthin, wo die

Aktivitäten spürbar nachließen oder zu erlahmen drohten, entsandten die übergeordneten Leitungen einen erfahrenen Kader. Und als solcher muss Sascha Wagner zweifellos gelten. Er war über die Fanszene von Alemannia Aachen zu den Neonazis gekommen und bereits 1990 der NPD beigetreten. Dort hatte er vorher dem Landesvorstand Rheinland-Pfalz angehört. Offiziell gemeldet war er in der Kutusowstraße in Wurzen, doch Gerüchten zufolge nächtigte er in einem kleinen Raum im Verlagsgebäude der Deutschen Stimme in Riesa. Nach der für die NPD erfolgreichen Landtagswahl bekam er für kurze Zeit einen Job als persönlicher Mitarbeiter des Landtagsabgeordneten Alexander Delle, kehrte jedoch relativ rasch nach Rheinland-Pfalz zurück, um dort als Landesorganisationsleiter am Wiederaufbau des maroden Landesverbandes zu arbeiten.

Da stand er nun mit seinem schwarz-gelben Aachener Fanschal auf dem winterlichen Wurzener Jacobsplatz und versuchte ebenso vergeblich, das NPD-Parteiorgan Deutsche Stimme an die Passanten zu bringen, wie er vergeblich darum rang, etwas Ordnung in den Haufen der versammelten siebzig Neonazis zu bringen. Diese waren gleichermaßen verwirrt und aufgeregt. Aufgeregt, weil sie wussten, dass Antifaschisten für die gleiche Zeit eine Gegenaktion geplant hatten. Verwirrt, weil sie nicht einschätzen konnten, was es mit der angemeldeten Kundgebung zur »Halbzeit der närrischen Saison« auf sich hatte.

Der zuständige Ordnungsamtsleiter dagegen hatte die Narretei durchschaut. Vermutlich mit einem breiten Grinsen auf den Lippen wird er in den Auflagenbescheid den Satz geschrieben haben, dass trotz des Mottos das Tragen von Karnevalsmasken untersagt sei, da er sie als Mittel zur Vermummung und damit als Ordnungswidrigkeit einstufe. Die faschingsmäßige Verkleidung erfolgte trotzdem. Ohne Masken. Ich erinnere mich sehr gut daran, dass ich als Wurzener Keks Flugblätter an die Einwohnerinnen und Einwohner verteilte. Die Verkleidungen hatten in der Stadt ansässige Firmen gesponsert. Ich erinnere mich gern an die Aktion. Sie wird auch den Nazis unvergessen sein, die damit leben mussten, dass es Konfetti auf sie regnete und dass immer wieder der Narhalla-Marsch angestimmt und mit Trompeten und Posaunen geschmettert wurde. Selbst die Polizei mühte sich um ein der ausgelassenen Stimmung angemessenes Agieren.

Zugestanden, der Kader Wagner gab sich weiterhin redlich Mühe. Er motivierte seine Kameraden, die bald überall im Kreisgebiet auftauchten und die Bewohner der jeweiligen Gemeinden zu überreden versuchten, im Rathaus ihre Unterstützungsunterschrift zu leisten. Bei vielen, viel zu vielen fiel das nicht einmal schwer. Beileibe nicht nur junge Leute verschwanden mit den Neonazis in den Rathäusern. Die notwendigen Unterschriften erreichten sie fast überall. Nur in zwei Orten des Kreisgebietes, in Naunhof und ausgerechnet in Mutzschen, dem Wohnort des NPD-Landesvorsitzenden, konnten sie nicht zu den Stadtratswahlen antreten. Es gab nur einen Wahlkreis für den Kreistag, in dem die Stimmen zur Kandidatur nicht reichten.

Insofern könnte man behaupten, dass die Gegenmaßnahmen nichts bewirkt haben. Das stimmt und es stimmt auch nicht. Zwar gelang der NPD der Einzug in den Kreistag, den Stadtrat der Kleinstadt Trebsen und der gestärkte Wiedereinzug in den Stadtrat Wurzen. Doch konnte sie nicht überall antreten, wo sie es geplant hatte. Natürlich lässt sich schwer abschätzen, welche Wirkung die Gegenaktionen gehabt haben. Für mich war es jedenfalls ermutigend zu sehen, dass immer wieder und in jedem Ort des Kreisgebietes Menschen bereit waren, fantasievoll gegen die Propagandaaktionen der Nazis aktiv zu werden. Da gab es die Dorfpunks, die ihr Auto neben den Infostand der Nazis fuhren und dort bei geöffneten Türen so laut wie möglich Titel der Toten Hosen oder den Song »Arschloch« von den Ärzten spielten. Ein örtliches Ordnungsamt achtete gleichsam mit der Stoppuhr darauf, dass die angemeldeten Zeiten für Infostände nicht überzogen wurden. Da gab es jene Bürgerinnen und Bürger, die auf dem Marktplatz den Stand der NPD quasi umzingelten und damit unsichtbar machten. Und es gab nicht zuletzt auch die Polizeibeamten, die lange – sehr lange – brauchten, sich das ausliegende Material anzuschauen und den gespielten Musiktiteln zu lauschen. Der Publikumsandrang tendierte in solchen Situationen gen null. Bekanntlich halten sich Menschen normalerweise nur ungern dort auf, wo die Polizei präsent ist. All das wird – so vermute ich – seine Wirkung gehabt haben. Sie ist freilich nicht messbar. Aber es ist ermutigend, dass selbst in den ländlichen Regionen, in denen die Nazis tatsächlich häufig ungestört agieren können, Gegenwehr praktiziert wird. Es ist ermutigend, dabei Zustimmung von Menschen zu erhalten, von denen man dies nicht unbedingt geglaubt hätte. Nur mit diesem Engagement wird es möglich sein, die NPD und ihr Umfeld irgendwann einmal wirksam zurückzudrängen. Noch ist das Zukunftsmusik. Aber es kann Realität werden.

Bereits zu den Stadt- und Gemeinderatswahlen 1999 errang die NPD kommunale Mandate: in Königstein zwei Mandate sowie in Hirschfelde (später in Zittau eingemeindet), Meißen, Riesa, Sebnitz, Trebsen und Wurzen je ein Mandat.

Die kommunalpolitische Verankerung verstärkte sich 2004. In Königstein sind es seitdem zwei Mandate, in Meißen zwei, in Riesa zwei, in Sebnitz zwei, in Trebsen blieb es bei einem Mandat und in Wurzen steigerte sich die NPD gar auf drei Mandate. Weitere Städte und Gemeinden mit NPD-Vertretern im Rat wurden 2008 gewonnen: zwei NPD-Leute in Annaberg-Buchholz, zwei in Freiberg, zwei in Großrückerswalde (Mittlerer Erzgebirgskreis), zwei in Limbach-Oberfrohna, einer in Neustadt (Sächsische Schweiz), zwei in Pirna, zwei in Reinhardtsdorf-Schöna und einer in Struppen.

Nicht vergessen werden dürfen bei dieser Aufzählung die drei Stadtratsmandate für das NPD-dominierte Nationale Bündnis Dresden in der sächsischen Landeshauptstadt. Dem Einzug in das dortige Stadtparlament hatte die NPD aus zwei Gründen erhebliche Bedeutung zugemessen. Erstens war die Nazipartei seit 1990 im Osten noch nie in einer Großstadt kommunalpolitisch vertreten gewesen, erst recht nicht in einer Landeshauptstadt. Dresden war innerhalb des Freistaates die einzige Möglichkeit zur Umsetzung dieses Projektes. In Leipzig verfügte die NPD zwar über einen der mitgliederstärksten Kreisverbände im Landesvergleich, doch dieser glänzte nicht gerade durch Aktivitäten, geschweige denn durch das Aufgreifen kommunaler Probleme. In Chemnitz, der dritten Großstadt, schließlich schien die Übermacht der dort bereits kommunalpolitisch verankerten REPublikaner unüberwindlich. Doch immerhin hatte man mit dem auf der REP-Liste kandidierenden heutigen NPD-Kreisvorsitzenden Jörg Schubert zwar keinen ganzen Fuß, aber doch zumindest eine große Zehe in der Tür des Stadtrates.

Vor allem aber war Dresden ein Modellprojekt. Hier wurde erstmals bei einer Wahl die »Volksfront von rechts« praktiziert, die wenig später als neue bundesweite strategische Linie propagiert wurde. Udo Voigt, damals noch unumstrittener Parteivorsitzender, erklärte diesen Ansatz beim NPD-Bundesparteitag im thüringischen Leinefelde unter dem hochtrabenden Titel »Kampf um den organisierten Willen« zur neuen, vierten Säule der Parteistrategie neben den bisherigen drei Säulen »Kampf um die Straße, Kampf um die Köpfe, Kampf um die Parlamente«.

Im Fall Dresden sah dies so aus, dass der vergleichsweise schwache NPD-Kreisverband sich immer wieder um Kooperation bemühte und Kontakte zum für REPublikaner-Verhältnisse noch immer starken Kreisverband der Konkurrenz am rechten Rand suchte und auch fand. Trotz der damals ablehnenden Haltung der DVU-Bundesführung zu solchen Bündnissen beteiligte sich bald auch die örtliche DVU. Ebenso gelang, trotz des Fortbestehens teils erheblicher Divergenzen, die Einbeziehung zumindest von Teilen der Kameradschaftsszene. Wie wichtig der NPD die Vermittlung des Bildes von einer erfolgreich geschaffenen Einheit war, zeigt sich nicht zuletzt daran, dass sie sogar die Mitarbeit der Deutschen Partei, eigentlich eines Phantoms in Sachsen, als Erfolg verkaufte.

Setzt man den erheblichen Aufwand für das Modellprojekt Dresden in Rechnung, dann können die letztlich errungenen drei Mandate bestenfalls als bescheidener Teilerfolg gewertet werden. Schließlich langte das Resultat aber zum erstmaligen Einzug einer durch die NPD dominierten Liste in den Stadtrat einer ostdeutschen Großstadt, noch dazu einer Landeshauptstadt, und gleichzeitig als Propagandaerfolg. Mit dem Dresdner Kommunalwahlkampf wurde die »Volksfront von rechts« eingeläutet, die wenige Monate später, nach dem NPD-Beitritt einiger prominenter Führer der Kameradschaftsszene und einer Einigung mit der DVU, zur bundesweiten Strategie ausgerufen wurde. Zwar war das Ergebnis noch weit von der stets beschworenen notwendigen Einheit der »Nationalen« entfernt, doch gelang es damit erfolgreich den Eindruck zu erwecken, das Lager ziehe nunmehr an einem Strang und verbessere damit seine Wahlchancen erheblich. Für potenzielle Rechtswähler, die erfahrungsgemäß davor zurückschrecken ihre Stimmen zu verschenken, war dies ein wichtiger Punkt. Erfolg ist die wichtigste Voraussetzung für neuen Erfolg.

Heute, nur fünf Jahre danach, hat Thomas Wulff, damals von der parteifreien Szene zur NPD gewechselt, das Experiment für gescheitert und die »Volksfront« für beendet erklärt. Ob er damit für die gesamte Neonazi-Szene spricht, darf bezweifelt werden. Heute ist auf jeden Fall das Nationale Bündnis Dresden in der Abwicklungsphase. Zur Kommunalwahl im Juni 2009 tritt eine offene Liste der NPD mit mehr als 30 Kandidaten an. Profitiert hat von der »Volksfront von rechts« vor allem die NPD. Trotz der Absprachen mit der DVU im so genannten »Deutschlandpakt« kandidiert die NPD bei der Landtagswahl 2009 in Thüringen und nicht – wie vorgesehen – die DVU.

Das Stimmergebnis in Dresden war keineswegs herausragend, trotzdem kommt ihm sicherlich mehr Bedeutung zu als den Spitzenwerten im Dorf Reinhardtsdorf-Schöna in der Sächsischen Schweiz, über das inzwischen fast jede überregionale Zeitung berichtet haben dürfte. Auch bei den Kreistagswahlen 2008 lag der Ort mit mehr als 20 % NPD-Anteil wieder einsam an der Spitze. Jeder Zeitungsleser in der Bundesrepublik weiß um die Bedeutung des Handwerkers Michael Jacobi für den Aufstieg der NPD in dieser Gemeinde.

In größeren Kommunen, aktuellen oder ehemaligen Kreisstädten, reicht dieser individuelle Faktor als Erklärung für NPD-Erfolge nicht aus. Die Ergebnisse lagen immer über 5 % sowohl zur Landtagswahl im September 2004, zu den Bundestagswahlen 2005 und zu den Kreistagswahlen 2008: In Annaberg-Buchholz (16,0; 7,2; 6,4 %), Großenhain (13,6; 7,9; 5,0 %), Kamenz (11,4; 7,3; 10,4 %), Löbau (10,8; 7,2; 5,4 %), Niesky (11,7; 7,2; 5,5 %), Pirna (11,5; 7,2; 7,4 bzw. 8,3 %) und Wurzen (11,4; 6,5; 7,3 %). Es handelt sich um Städte in allen Regionen Sachsens. Zu trauriger überregionaler Bekanntheit gebracht haben es durch die Verzerrung der Medien allerdings nur Wurzen im ehemaligen Muldentalkreis und Pirna im vormaligen Landkreis Sächsische Schweiz.

Wenn es sich um ein flächendeckendes Problem handelt, kann und wird die Lösung nicht darin liegen, Förderprogramme zur Stärkung der Demokratie für bestimmte Schwerpunktregionen aufzulegen. Ganz Sachsen ist eine solche

Schwerpunktregion. Vor fünf Jahren hätte man noch behaupten können, dass diese Feststellung mit Ausnahme der Großstädte gilt, doch in den letzten beiden Jahren ist auch hier eine deutliche Verschärfung des Problems festzustellen. Wenn sich die Strukturen der Neonazis in ganz Sachsen verfestigen, wenn die Wahlergebnisse signalisieren, dass es im gesamten Freistaat inzwischen eine Stammwählerschaft der NPD gibt, die bei fünf Prozent liegen dürfte, dann handelt es sich um ein Problem, das nicht dadurch beseitigt werden kann, dass die eine oder andere zivilgesellschaftliche Gruppe die zur Weiterarbeit dringend benötigten Mittel als Almosen überwiesen bekommt. Dann wird ein gesamtgesellschaftlicher Ansatz benötigt, der so viele Partner und Akteure wie möglich einbezieht.

Davon sind wir in Sachsen allerdings noch immer weit entfernt. Stattdessen stellen sich die politisch Verantwortlichen und die angeblichen »Extremismusexperten« mit Professorentitel, die bei uns allesamt der CDU zumindest nahe stehen, in einer Reihe auf und verkünden im Gleichklang, das Projekt NPD befinde sich auf dem absteigenden Ast, werde sich spätestens im Herbst 2009 als gescheitert erweisen. Natürlich wissen sie es besser. Dennoch vergleichen sie Äpfel mit Birnen und Kreistagswahlen mit Landtagswahlen, wenn nur das Ergebnis dieses unzulässigen Vergleichs dem gewünschten Ergebnis entspricht. Doch die Wähler erkennen, dass es sich dabei um das Pfeifen im Walde handelt, verursacht durch die Angst vor dem eigenen Wissen, dass die Prognosen in wenigen Monaten widerlegt sein werden.

Wer sich allen Ernstes darüber freut, dass die NPD »nur« 5,1 Prozent bei den Kreistagswahlen erzielen konnte, vergisst, was der flächendeckende Einzug in alle Kreistage bedeutet. Die ruhigen Zeiten im kommunalen Parlament sind vorbei. Die NPD beschäftigt die Kreisräte, die Medien, die Verwaltungen der Landkreise und nicht zuletzt die anderen Parteien. Letztere reagieren zu selten mit inhaltlicher Auseinandersetzung, sondern versuchen stattdessen, das Problem auf der Ebene von Geschäftsordnungen zu lösen. Ein Versuch, der naturgemäß von Anfang an zum Scheitern verurteilt ist.

Manchmal muss man auch Binsenweisheiten laut aussprechen: Die NPD in den Kreistagen ist ein Problem für die Gesellschaft unabhängig davon, ob sie einen Fraktionsstatus besitzt oder in den Ausschüssen vertreten ist. Sie wird in den Sitzungen agieren und kann sich darauf verlassen, dass die Medien darüber berichten. Nach den Wahlen im Juni war ihnen deren Beachtung sicher. Dies wiederholte sich nach den Erfolgen bei den Kreistagskonstituierungen. Als die NPD um ihren Fraktionsstatus und gegen die Ausschussbesetzungen klagte, wurde darüber erneut berichtet. Über das Ergebnis der Klagen und die Reaktionen darauf, über die vielleicht notwendigen Neuregelungen in den Kreistagen wird wieder berichtet werden. Die Aufregung wird sich noch gar nicht gelegt haben, wenn uns die nächsten Wahlen bevorstehen.

Am Tag der Europawahl, am 7. Juni 2009, werden in Sachsen außerdem die Stadt-, Gemeinde- und Ortschaftsräte gewählt. Gab es noch vor einigen Monaten ganze Regionen, wo die NPD nicht tagtäglich präsent war, ist sie nun in jedem Kreis mit Namen, Gesichtern, Inhalten und Medienpräsenz vertreten. Menschen mit rechtsextremen Einstellungen gibt es überall. Viele von ihnen werden im Juni 2009 der NPD zur Wahl nicht nur ihre Stimme geben, sondern vielleicht auch selbst kandidieren. Selbst wenn es gelingt, in der einen oder anderen Stadt eine Verringerung der bisherigen Sitze der NPD zu erreichen, wird sich deren Zahl insgesamt eben durch weitere, neue Stadt- und Gemeinderäte in Kommunen, wo sie erstmals antreten, stark erhöhen. Es ist zu befürchten, dass dann wieder das nun seit Jahren bekannte Szenario ablaufen wird. Zuerst kommt das große Erschrecken, dann folgen taktische Spielchen, mit denen demokratische Mitbestimmung eingeschränkt wird. Sarkastisch könnte man dies als ideale Voraussetzungen für die Landtags- und Bundestagswahlen bezeichnen.

Die kommunale Verankerung als Voraussetzung für den Erfolg auf Landesebene

Der Sächsische Landtag stellte im Juni 2004 auf Antrag der SPD fest, »dass die Wahlerfolge rechtsextremer Parteien bei den jüngsten Kommunal- und Europawahlen dem Bild eines demokratischen, toleranten und weltoffenen Sachsen Schaden zugefügt haben.« Diese Feststellung war der erste dreier Punkte eines Entschließungsantrages der damals noch in der Oppositionsrolle befindlichen SPD zu ihrer Großen Anfrage »Rechtsextremismus und Ausländerfeindlichkeit«.

Der zweite Punkt unter der Überschrift »Wählen gehen! Demokratie stärken!« lautete: »Der Sächsische Landtag steht für ein friedliches Zusammenleben aller Menschen in diesem Land, ungeachtet ihrer Weltanschauung, Religion, Kultur oder Hautfarbe. Der Sächsische Landtag verurteilt daher jede Art von Hass, Gewalt, Rassismus und Ausländerfeindlichkeit sowie jeden Aufruf dazu.« Entsprechend der Überschrift folgte als dritter Punkt der wertfreie Aufruf an die Bürgerinnen und Bürger, »bei den Landtagswahlen von ihrem Wahlrecht Gebrauch zu machen. Stärken Sie durch Ihre Wahlentscheidung die Demokratie in Sachsen!«.

Den Entschließungsantrag der damaligen PDS-Fraktion lehnte im Juni 2004 nicht nur die damals alleinregierende CDU, sondern auch die SPD ab. Beide waren sich einig in der Ablehnung der Erarbeitung eines Gesamtkonzeptes zur Zurückdrängung der extremen Rechten, sie wollten keine Überarbeitung der Schullehrpläne, keine Fortbildungsmaßnahmen für Lehrkräfte und Sozialarbeiter, keine Förderung von Beratungsarbeit und Opferhilfe auf kommunaler Ebene.

Was anschließend kam, war ein flächendeckendes großes Erschrecken. Hilflosigkeit vielerorts. Wirkliche Analysen suchte man vergeblich. Bereits bei diesen kommunalen Wahlen im Juni 2004 deuteten sich zwei Trends an, die bei den folgenden Wahlen ihre Bestätigung finden sollten.

Einerseits führt eine hohe Wahlbeteiligung keineswegs zu schlechteren Ergebnissen der NPD. Bei den Wahlen im Juni 2008 ist endgültig festzustellen, dass dort, wo die NPD überdurchschnittliche Werte erreicht, auch die Wahlbeteiligung höher als im Durchschnitt ist. Daraus lässt sich die Frage ableiten, wie es gerade der NPD gelingt Nichtwählerinnen und Nichtwähler zu erreichen.

Andererseits ließ die NPD bereits im Juni 2004 nicht nur die kleineren Parteien wie FDP und Bündnis 90 / Die Grünen hinter sich, mancherorts fuhr sie bessere Ergebnisse als die SPD ein. Bei den Landtagswahlen im September 2004 lag die NPD dann in 388 von 536 sächsischen Kommunen vor der SPD, der Höchstwert in der Differenz wurde in Reinhardtsdorf-Schöna erreicht: 5,6 % für die SPD und 23,1 % für die NPD. Beim Blick auf die Landtagswahlkreise ergibt sich die Feststellung, dass die NPD in 29 von 60 Wahlkreisen vor der SPD lag. Ihre besseren Ergebnisse hatte die SPD ausschließlich in den Großstädten und den Wahlkreisen in deren Nähe.

Zu den letzten Kreistagswahlen 2008 lässt sich nun sogar die These aufstellen, dass die NPD jeweils dort Höchstwerte erreichte, wo die SPD besonders schlecht abschnitt. Im neuen Landkreis Sächsische Schweiz-Osterzgebirge erzielte die NPD mit 7,5 % ihr landesweit bestes Ergebnis; die SPD lag mit 7,4 % hinter ihr. 7,4 % sind das schlechteste Resultat der SPD bei den Kreistagswahlen im Juni 2008. Sie fuhr es in zwei Landkreisen ein, nämlich im bereits genannten Kreis und im neuen Landkreis Görlitz. Die SPD müsste also im Eigeninteresse eine gründliche und differenzierte Wahlanalyse vornehmen, um auf die Spur dieser deutlichen Korrelation zu kommen und um Gegenstrategien entwickeln zu können. Bisher ist davon noch nichts erkennbar.

Als die NPD 2004 in einige Kreistage einzog, kam es fast überall zu Protestaktionen. Solche Proteste blieben bei den Kreistagskonstituierungen 2008 die Ausnahme. Nur in Annaberg gab es bei der Konstituierung des Kreistages Erzgebirge eine antifaschistische Gegenaktion. 2004 fanden Demonstrationen und Mahnwachen statt, antifaschistisch Engagierte füllten die Sitzreihen für Gäste. Das positive Resultat bestand darin, dass genau auf die Aktivitäten der NPD im folgenden Landtagswahlkampf geachtet wurde. Gegenmaßnahmen wurden geplant und durchgeführt.

Manchmal aber zeigte sich, dass gut gemeint nicht unbedingt gut ist. So begann die NPD – zu Anfang der heißen Phase des Wahlkampfes im September 2004 – beim traditionell stark besuchten »Tag der Sachsen« in Döbeln mit der Verteilung ihrer ersten so genannten Schulhof-CD. Damals war dies ein völlig unbekanntes Propagandamittel. Die Reaktion war eine Beschlagnahmeverfügung. Gut 300 von 20.000 gepressten Tonträgern wurden einkassiert. Ein Bruchteil also nur. Bedeutender war das Zeichen, das gesetzt werden sollte: Die NPD vertreibt illegales Material an Minderjährige.

Doch rund zwei Wochen vor dem Wahltermin mussten die beschlagnahmten CDs zurückgegeben werden. Die juristische Prüfung hatte, wie Szenekenner vorausgesagt hatten, ergeben, dass mit den Liedern keine strafbaren Inhalte verbreitet wurden. Wie die Beschlagnahme füllte auch die Rückgabe die Zeitungsspalten. Jetzt kam ein ganz anderes Signal bei der Wählerschaft an: Die NPD hatte eine gute Idee, auf die die anderen Parteien neidisch waren. Die NPD wurde zu Unrecht verfolgt, mit ihr wird unfair umgegangen. Wenn aber die anderen Parteien zu solchen Mitteln greifen, dann werden sie Angst vor der NPD haben. Folglich ist die NPD eine mächtige Alternative zu den Etablierten.

Das Erschrecken vom Juni wiederholte sich im September. Überrascht waren jene, die noch immer davon ausgegangen waren, die NPD verfüge nicht über eine flächendeckende Verankerung. Manche führten das Resultat auf die Materialschlacht der NPD zurück, andere machten die Propaganda gegen Hartz IV verantwortlich. Sie alle aber waren sich einig, dass sich die NPD im Landtag schnell selbst »entzaubern« würde. Man hatte das Bild der DVU im Landtag von Sachsen-Anhalt vor Augen und begriff nicht, dass es sich bei beiden Parteien um zwei völlig verschiedene Erscheinungen handelte.

Die NPD war nur eine von drei neuen Parteien im Landtag. Neben ihr zogen auch die FDP mit 5,9 und die Grünen mit 5,1 Prozent ein. Aus dem üblichen Drei-Parteien-Parlament war das erste Sechs-Parteien-Parlament geworden. Die CDU hatte ihre bisherige satte absolute Mehrheit verloren und kam nur noch auf 41,1 Prozent. Der SPD war es noch nicht einmal gelungen, sich auf ihrem bisherigen niedrigen Niveau zu stabilisieren, verlor nochmals und erreichte erstmals in der deutschen Parlamentsgeschichte weniger als 10 Prozent.

Es kam wie es kommen musste: Ausgerechnet die beiden eindeutigen Verlierer der Wahl bildeten gemeinsam die neue Regierung. Die Glaubwürdigkeit der Demokratie wurde durch diesen Vorgang nicht gerade gestärkt. Was zumindest auf das Länderparlament zukommen würde, war bereits am Wahlabend nicht zu übersehen. Und mehr als deutlich wurde auch die Hilflosigkeit der Konkurrenten der NPD. Holger Apfel dachte gar nicht daran, sich vor laufenden Kameras und im Besitz des Mikrofons in der Wahlsendung des MDR abkanzeln zu lassen. Er nutzte die Gelegenheit zu einem Propagandaauftritt. Die Interventionen der Moderatorin blieben folgenlos, die Spitzenpolitiker der anderen Parteien räumten schweigend das Feld. Zurück blieb ein strahlender Holger Apfel.

Das Lachen wird denen schon noch vergehen, beruhigte man sich gegenseitig. Aber zunächst verging das Lachen den anderen. Gleich die erste Bewährungsprobe für die neue Koalition, die Wahl des Ministerpräsidenten, geriet zum Fiasko.

Für den Kandidaten der Union, Prof. Dr. Georg Milbradt, wird die Tatsache, dass er erst im zweiten Wahlgang gewählt wurde, eine Katastrophe gewesen sein. Vor allem aber bestand der Schock darin, dass der von der NPD aufgestellte Gegenkandidat, der charismatische Uwe Leichsenring, zwei Stimmen mehr erhielt als seine Partei Sitze im Landtag hatte. Damals war das »dreckige Dutzend« noch vollzählig, waren Jürgen Schön, Mirko Schmidt und Klaus Baier noch nicht in andere Rechtsparteien umgestiegen, war Klaus Menzel (»Patronen-Klaus«) noch nicht aus der Fraktion ausgeschlossen worden. Weiteren Aderlass sollte die NPD-Fraktion durch den Unfalltod Leichsenrings und die Kinderporno-Affäre um Matthias Paul erleiden.

Doch anders als von den berufsmäßigen Analytikern vorausgesagt, zerbrach die NPD an solchen Rückschlägen nicht. Stattdessen folgte noch so manche geheime Wahl, in der die NPD-Kandidaten mehr als die zwölf Stimmen ihrer Partei bekamen.

Oft war dies die »Schuld« derjenigen, die absolut nicht bereit waren, sich einfach bei NPD-Kandidaten nur der

Stimme zu enthalten, sondern grundsätzlich gegen sie stimmten. Es gibt nämlich Gremien, in denen der NPD, einfach weil sie im Landtag vertreten ist, eine bestimmte Anzahl von Sitzen zusteht. Diese Gremien werden dennoch gewählt, wobei jeder Kandidierende mehr Ja- als Nein-Stimmen erreichen muss. Die Zahl der Enthaltungen ist nicht relevant. Wenn dies nicht passiert, wird die Wahl wiederholt. Solang, bis es für den Kandidaten reicht. Da es genügend Abgeordnete gibt, die so viele »Verpflichtungen« haben, dass sie zeitig nach Hause müssen, wurde das eine oder andere Mal sicherheitshalber von Abgeordneten der demokratischen Parteien doch ein Ja bei der NPD gemacht, weil nie sicher war, ob sich auch wirklich alle anderen bei der NPD nur enthalten.

Mir ist dies peinlich gegenüber den Menschen in diesem Land. Oft genug lautete später die Argumentation, dass man nicht wollte, dass sich die NPD mit jeder gescheiterten Wahl als Märtyrer in den Medien präsentieren konnte. Das ist eine komplizierte Fragestellung. Das klare Signal des Landesparlamentes, dass die NPD nicht gewollt ist, erscheint mir persönlich jedoch vermittelbarer als der Umstand, dass die NPD mehr Stimmen erhält, als sie Plätze hat. Mittlerweile nimmt es die Öffentlichkeit kaum noch wahr, wenn dies im Landtag wieder einmal passiert. Als Ende Mai 2008, nach dem Rücktritt von Georg Milbradt, Stanislaw Tillich, der neue Kandidat der CDU-SPD-Koalition, als Ministerpräsident zur Wahl stand, bekam der NPD-Kandidat Dr. Johannes Müller elf Stimmen. Mittlerweile hat die NPD aber nur noch acht Sitze im Sächsischen Landtag.

Klaus-Jürgen Menzel kann man allerdings getrost dazu zählen, obwohl ihn die NPD aus der Fraktion offiziell wegen Finanzunstimmigkeiten ausgeschlossen hat. Der tatsächliche Grund dürfte übrigens darin zu suchen sein, dass er mit seinen diversen Verfehlungen und Skandalen für die NPD einfach zu peinlich geworden war. Ob die drei Abgeordneten Klaus Baier, Mirko Schmidt und Jürgen Schön, die mit Unterstützung des Landesamtes für Verfassungsschutz Partei und Fraktion verlassen hatten, ihre neu gewonnene und zur Schau getragene Treue zur Demokratie aufs Spiel setzen und den NPD-Kandidaten ihre Stimme gegeben haben, darüber kann nur spekuliert werden. Ich bezweifle dies.

Und trotzdem bleibt es eine Tatsache, dass zwei Abgeordnete, die sich Demokraten nennen, ihre Stimme dem NPD-Kandidaten Müller gaben. Der Unterschied zwischen 2004 und 2008 bestand lediglich in der fehlenden Publizität.

Anfang 2005 führten derartige Stimmenwanderungen zu einer Vereinbarung der demokratischen Fraktionen. CDU und SPD als Koalitionsfraktionen sowie LINKE (damals PDS), FDP und Bündnis 90 / Die Grünen als Oppositionsfraktionen erklärten ihre Einigkeit trotz unterschiedlicher politischer Auffassungen, dass die Verteidigung der Demokratie Vorrang vor den Parteiinteressen haben muss. In dieser gemeinsamer Erklärung heißt es konkret: »Wir sind empört darüber, dass NPD-Kandidaten bei geheimen Abstimmungen mehrfach zusätzliche Stimmen von anderen Fraktionen erhalten haben. Deshalb erklären die Vorsitzenden der unterzeichnenden Fraktionen, dass sie diese Abgeordneten, die für diesen feigen Anschlag auf unsere junge

Demokratie verantwortlich sind, bei zweifelsfreier Identifikation unverzüglich aus den jeweiligen Fraktionen ausschließen werden.« In allen Abstimmungen im Sächsischen Landtag gibt es bei NPD-Anträgen ausschließlich Gegenstimmen aller anderen Fraktionen, weil dies zu einer prinzipiellen Frage erklärt worden ist. Die NPD ist keine demokratische Partei, auch wenn sie demokratisch gewählt wurde. Sie vertritt eine menschenverachtende Politik, die auf Ungleichheit und Fremdbestimmung der Menschen basiert. Ihren Anträgen zuzustimmen würde bedeuten, dass man diese völkische Ideologie akzeptiert.

Seit September 2008 habe ich allerdings den Eindruck, dass nur Stimmen in geheimen Wahlen als »feiger Anschlag auf unsere junge Demokratie« gewertet werden. Damals prüfte die Linksfraktion im Landtag die Möglichkeit des Fraktionsausschlusses eines Abgeordneten, der in einem anderen Gremium, dem Stadtrat von Dresden, in offener Abstimmung einem Antrag des NPD-dominierten Nationalen Bündnisses zugestimmt hatte. Er war also eindeutig identifizierbar, so wie es in der Vereinbarung gefordert wurde. Laut diesem Übereinkommen wäre er zwingend auszuschließen gewesen. Stattdessen sah sich die Linksfraktion – auch aus der eigenen Partei – dem Vorwurf stalinistischen Agierens ausgesetzt.

Das Nationale Bündnis, dem er seine Stimme gab, wollte mit einem Antrag im Stadtrat eine Schweigeminute für die Opfer des 11. September durchsetzen. Man könne den Opfern doch nicht ein ehrendes Gedenken verweigern, lautete die Rechtfertigung. Selbstverständlich hätte man dem auch ohne Zustimmung zu dem Antrag gerecht werden können.

Man hätte einen Änderungsantrag stellen können, hätte den Raum verlassen können, hätte sich enthalten können. Vor allem aber hätte man als Stadtrat nachdenken müssen. Wenn Nazis der Opfer des 11. September gedenken wollen, müssen eigentlich bei allen Demokraten die Alarmglocken läuten. Wieso dieser plötzliche Anfall von Pietät gegenüber diesen Toten? Gehört nicht der Antiamerikanismus zu den wichtigsten Ideologemen der NPD? Kommen aus dieser Ecke nicht bei anderer Gelegenheit die obskursten Verschwörungstheorien, die den Urheber des 11. September in den USA selbst sehen? Die als Beleg dafür ernsthaft anführen, dass bei den Anschlägen keine Juden umgekommen seien? Sind plötzlich jene islamistischen Feinde der USA nicht mehr die Freunde der NPD, mit denen sie sonst nach dem Motto umgeht: Der Feind meines Feindes ist mein Freund? Er habe nach seinem Gewissen so entscheiden müssen, rechtfertigte sich der betreffende Mandatsträger. Ich dagegen halte es schlicht für gewissenlos, meine Stimme einem NPD-Antrag zu geben.

Aus der Vereinbarung der demokratischen Fraktionen im Jahr 2005 ergab sich aber auch, dass Anträgen der NPD in den Debatten in der Regel nur durch je einen Vertreter der Koalition und Opposition begegnet wird. »Keine unnötige Aufwertung« heißt das Motto. Das ist einfach gesagt und schwer getan. Denn NPD-Anträge sollen keine Auseinandersetzung mit der Politik der Staatsregierung initiieren. Dies ist ein nachvollziehbarer Ansatz. Auf diese Weise soll gezeigt werden, dass sich die Demokraten durch die NPD nicht aufsplittern lassen. Wenn aber auf der Seite der Regierungskoalition die Reaktion auf einen NPD-Antrag in einer

Lobeshymne auf die Staatsregierung besteht, ist dies natürlich ebenso ein zweifelhaftes Vorgehen. Die Anwesenheit der NPD kann nicht als Freibrief für die Regierungspolitik genutzt werden. Und dann gibt es wieder besondere Situationen, die es den Beteiligten etwas schwerer machen. Wenn ein Anliegen nur mit den Stimmen der NPD durchgesetzt werden kann, sollte man diesen Weg gehen? Dieser Weg wurde jedenfalls beschritten, als es um die Mehrheit für die Abgeordnetenanklage gegen ein Mitglied des Sächsischen Landtages wegen Stasi-Mitarbeit ging. Auf diesem Wege sollte ein Parlamentarier der LINKEN aus dem Parlament ausgeschlossen werden, eine Möglichkeit, die nur in Sachsen existiert. Wer ist für wen der schlimmste Feind? Zumindest gelegentlich scheint dies für etliche Abgeordnete keine prinzipielle Frage zu sein, sondern eine, die nach Nützlichkeitserwägungen beantwortet wird.

Mit der Konstituierung des Sächsischen Landtages wurde 2004 die Geschäftsordnung überarbeitet und neu beschlossen. Die NPD spielte bei den Überlegungen dazu keine Rolle. Sie war mit zwölf Abgeordneten, einem weniger als die SPD, die viertgrößte von sechs Fraktionen. Dass es allerdings sechs Fraktionen statt nur fünf wurden, hat die NPD verärgert. Die Grünen haben mit ihren 5,1 % Stimmenanteil sechs von 124 Mandaten. Durch vier Überhang- und Ausgleichsmandate hat der Landtag 124 statt 120 Plätze. Dadurch haben die Grünen zwar mehr als fünf Prozent der Stimmen, jedoch keine fünf Prozent der Sitze im Landtag. Somit stünde ihnen eigentlich kein Fraktionsstatus zu. Gegen die Stimmen der NPD wurde er ihnen trotzdem zugebilligt. Im Sinne der Demokratie halte ich dieses Verfahren für logisch und legitim. Die NPD argumentierte übrigens damals im Landtag, dass man ihr selbst dieses »Geschenk« in der gleichen Situation niemals gemacht hätte. Dass sie mit dieser Prognose nicht ganz falsch lag, zeigt sich in den jetzigen Debatten um den Fraktionsstatus für die NPD bei den Kreistagen.

In den folgenden Monaten gab es zwar immer wieder einen medienträchtigen Eklat, doch zog eine gewisse Routine in den Landtag ein. Jede Fraktion hat inzwischen die Erfahrung gemacht, dass es passieren kann, dass die NPD ihren Anträgen zustimmt. Bei Umweltthemen existieren Überschneidungen mit den Grünen, weil gemäß NPD-Ideologie ein »gesundes deutsches Volk auch eine gesunde Umwelt braucht«. Mit der FDP stimmt man überein, wenn es gegen Hürden im kommunalen Bereich geht. Die LINKE hat das Problem in fast allen sozialen Fragen, die CDU/SPD-Koalition nicht zuletzt in Ausländer- und Asyldebatten. Den Jackpot hat in dieser Beziehung die SPD geknackt. Wegen ihrer Einbindung in die Regierung hat sie kaum noch Möglichkeiten, eigene Themen zu setzen.

Gerade im Bereich Nationalismus gibt es eine relativ große Schnittmenge zwischen CDU und NPD. Besonders ausgeprägt ist dies in Sachsen, wo die entsprechenden »Patriotismuspapiere« aus CDU und Junger Union wiederholt für Negativschlagzeilen sorgten. Mit Henry Nitzsche hatte es ein extremer Rechtsausleger gar zum Bundestagsabgeordneten der CDU geschafft. Inzwischen hat er die Partei verlassen und eine eigene Wählergemeinschaft gegründet. Die Kreistagswahlen unterstrichen, dass es zwischen CDU und NPD sogar noch Platz für eine weitere Rechtsformation gibt. Die NPD hat es hierbei einfach. Sie lobt die Inhalte und rügt die mangelnde Konsequenz bei der Umsetzung. Damit könnte die CDU umgehen, dagegen ist ein Agieren leicht möglich.

Wie aber verhält man sich, wenn man selbst einen Antrag stellt, die Staatsregierung möge über die Verflechtung der NPD mit gewalttätigen Strukturen der Neonazis berichten, und die FDP daraufhin einen Ersetzungsantrag stellt, über das Verhältnis aller Parteien zu Gewalttätern möge berichtet werden? Der Totalitarismusdoktrin wird damit zweifellos Genüge getan. Ob dies aber zur Delegitimierung der extremen Rechten beiträgt, muss stark bezweifelt werden. Das eigentliche Problem wird durch dieses Vorgehen ausgeklammert.

Wie will ich mich mit dem Rassismus der NPD wirksam auseinandersetzen, wenn die Staatsregierung noch immer menschenunwürdige Massenunterkünfte statt dezentraler Unterbringung von Flüchtlingen favorisiert? Wie will ich die Homophobie der NPD anprangern, wenn die Staatsregierung die Ausgrenzung nur milder als die Nazis betreibt, indem etwa eingetragene Lebenspartnerschaften bezüglich der zu zahlenden Gebühren schlechter als Ehen behandelt werden? Wie will ich die Verbrechen des historischen deutschen Faschismus anprangern, wenn das Unterrichtsfach Geschichte in der zehnten Klasse von den Schülerinnen und Schülern »abgewählt« werden kann? Wie will ich der Opfer des Faschismus gedenken, wenn die Totalitarismustheorie als Staatsdoktrin dazu führt, dass die Opfer aller Diktaturen gleichgesetzt werden? Diese Aufzählung ließe sich beliebig fortsetzen. Nicht zuletzt anhand sozialer Fragen, denn die gesellschaftliche Ausgrenzung zahlenmäßig erheblicher Menschengruppen stellt einen vielfach unterschätzten Grund für die Erfolge der extremen Rechten dar. Um nicht falsch verstanden zu werden – nicht die bereits Ausgegrenzten sind dabei die Hauptzielgruppe der Neonazis, sondern vielmehr all jene, die noch etwas zu verlieren haben, die Angst vor der sozialen Ausgrenzung haben.

Die direkte thematische Auseinandersetzung mit der NPD und der extremen Rechten insgesamt scheitert an wiederum anderen Mechanismen. Wie oft wurde mir persönlich im Landtag der Vorwurf gemacht, ich machte Werbung für die Nazis, bloß weil ich über Vorkommnisse und Aktivitäten der extremen Rechten berichtete, von denen 90 % der Abgeordneten noch nie etwas gehört hatten. Durch Verschweigen verschwindet ein Problem nicht. Nur wer über die Entwicklungen im Land genau informiert ist, kann wirksame Gegenstrategien entwickeln.

Selbstredend darf in solchen Situationen der beliebte Vorwurf der Nestbeschmutzung nicht fehlen. So greift mich die sächsische Landesvorsitzende der Arbeiterwohlfahrt, die gleichzeitig als SPD-Landtagsabgeordnete tätig ist, noch immer an, weil ich die Durchführung eines Osterlagers der Heimattreuen Deutschen Jugend (HDJ) in einem AWO-Landschulheim öffentlich scharf kritisiert hatte. Trotz eindeutigen Bildmaterials glaubt sie bis heute nicht, dass durch die HDJ gegen das Uniformverbot verstoßen wurde und damit sowohl Vermieter als auch Polizei Anlass zur sofortigen Beendigung gehabt hätten.

Will man die extreme Rechte nachhaltig zurückdrängen, muss man aus meiner Sicht immer wieder zwei Prämissen beachten. Sie werden es unmöglich machen, dass die extreme Rechte inhaltlich andocken kann. Einerseits muss die Gleichheit aller Menschen immer wieder betont werden. Zugang zu Bildung muss allen unabhängig ihrer Herkunft gewährt werden, Teilhabe an Kultur darf nicht an Barrieren scheitern, sexuelle Orientierung hat keinen Einfluss auf Kinderliebe, finanziell schwächer Gestellte dürfen nicht aus politischen Entscheidungsprozessen ausgeschlossen werden, nur weil sie etwa Fahrtkosten nicht aufbringen können. Dies bedeutet zugleich die Umsetzung realer Demokratie im Sinne von Mitwirkungs- und Entscheidungsmöglichkeiten bei allen Fragen. In jedem Politikfeld müssen Gleichheit und Demokratie Grundlage des Handelns sein. Das ist antifaschistisches Agieren.

Allerdings ist das nicht immer ganz einfach. So musste ich schon ein wenig schmunzeln, als mich eine Kollegin fragte, wie es denn die NPD mit der medizinischen Genpolitik hält. Ich konnte ihr nur anbieten nachzufragen, ob nicht die Gefahr bestehe, dass die Forschung vielleicht bald beweisen könne, dass es kein »deutsches Gen« gibt. Humor kann auch eine Waffe im Kampf gegen extreme Rechte sein.

Man braucht Prinzipien in diesem Kampf. Viele politische Gruppierungen haben sich solche erarbeitet. Die LINKE hat sich nicht nur dazu entschieden, der NPD keine Stimmen zu geben, sondern sogar Fragen des persönlichen Umgangs thematisiert. In einem entsprechenden Papier meiner Partei heißt es: »Wir haben keinerlei Grund, gegenüber Abgeordneten und Mitarbeitern der NPD-Fraktion besonders höflich zu sein, auch wenn sich diese beim Grüßen derzeit offenkundig fast überschlagen. Niemand muss einem Nazi die Hand geben oder sich neben ihm hinsetzen oder platzieren lassen.« Mir gegenüber überschlagen sie sich noch immer beim Grüßen, obwohl ich zu Nazis unhöflich aus Überzeugung bin. Ich wünsche niemanden, den ich als Nazi erkenne, einen guten Tag. Um die Mittagszeit besteht in unübersichtlichen Situationen beim Umgang mit unbekannten Personen im Landtag die Möglichkeit, auf ein unverbindliches »Mahlzeit« auszuweichen. Doch leider gibt es im Sächsischen Landtag Abgeordnete demokratischer Parteien, die damit ganz anders umgehen. Da wird auch gelegentlich mit NPD-Abgeordneten gescherzt oder das vertrauliche »Du« benutzt. Auf Unwissen können sich die entsprechenden Abgeordneten dabei allerdings nicht berufen.

Niemand kennt den unauffälligen Endfünfziger mit der verkrüppelten Hand. Er benimmt sich auch nicht auffällig. Auffällig an ihm ist nur, dass er in der Landtagskantine stets im Kreis der NPD-Leute sitzt. Ein paar Wochen dauerte es nach seinem Auftauchen mitten in der Legislaturperiode, bevor er als Peter Naumann identifiziert werden konnte. Die ARD hatte in ihrer Dokumentation »Nach Hitler« Interviewausschnitte mit ihm gesendet. Für die Filmer war Naumanns Vergangenheit als verurteilter Bombenleger von Interesse. Dann war er parlamentarischer Berater der NPD-Fraktion. Er, vorher persönlicher Mitarbeiter von Klaus Menzel, war für Waldemar Maier nachgerückt, der im Krach ausgeschieden war. Inzwischen hat auch Naumann keinen Platz mehr im Landtag. Er hatte sich einen Schlagabtausch im Wortsinn mit dem Abgeordneten Jürgen Gansel geliefert. Diesen hatte zwar Gansel verloren, die politische Auseinandersetzung jedoch Naumann.

Das Verhalten im Landtag ändert sich, wenn man ständig auf Nazis trifft. Es sind keineswegs die Extremfälle wie Naumann, die verunsichern und stören. Ein mit Nazis gefüllter Fahrstuhl, NPD-Funktionäre hinter einem auf der Treppe, fotografierende Abgeordnete auf dem Weg in die Tiefgarage. Wie reagiert man? Und spätestens in der Kantine schlägt es einem auf den Magen, wenn man zwischen Nazis in der Schlange steht und sieht, dass sich das braune Pack schön an mehreren Tischen gut verteilt in der Kantine breitgemacht hat. Da muss dann der Magen durch und man selbst natürlich auch. Sich einschüchtern zu lassen wäre gefährlich, denn genau das wollen sie erreichen. Sie wollen die Macht über den öffentlichen Raum. Und dazu gehören auch die Fahrstühle, Treppen und die Kantine im Sächsischen Landtag. Es ist eine besondere Form des Kampfes um die Parlamente.

Den Spieß umdrehen, das ist das Gebot der Stunde. Man muss beobachten, mit wem sie zusammensitzen. Welche Bekleidungstrends herrschen bei ihren jugendlichen Unterstützern? Was davon ist grenzwertig? Ein »T-Hemd« mit der Aufschrift »KILL BUSH« bei einem Praktikanten der NPD-Fraktion, in den Räumen des Landtages getragen, ruft den Sicherheitsdienst auf den Plan. Über die Folgen, nämlich die Beschlagnahme des T-Shirts, Anzeige und sofortiges Hausverbot für ein halbes Jahr, freut man sich umso mehr, wenn man weiß, dass der Praktikant Michael Schäfer heißt und zur Wahlkampfleitung der NPD im Landtagswahlkampf Mecklenburg-Vorpommern gehörte. Praktikum bei der Fraktion heißt im Kreis der NPD oftmals, dass der Betreffende bezahlte Wahlkampfunterstützung leistet. Geschadet hat der Zwischenfall Schäfers rechter Karriere selbstverständlich nicht. Inzwischen sitzt er für seine Partei in einem Kreistag in Sachsen-Anhalt und ist seit Ende 2007 Bundesvorsitzender der Jungen Nationaldemokraten, der Jugendorganisation der NPD.

Im parlamentarischen Bereich konzentriert sich die NPD bei ihrer Arbeit auf Öffentlichkeitswirksamkeit. Das bedeutet, dass sie in den Ausschüssen kaum aktiv ist, denn diese tagen – so ihre Argumentation – nicht öffentlich. Doch dort wird zumindest Präsenz gezeigt, damit den NPDlern kein Thema und keine Entwicklung entgehen. Wenn kein Abgeordneter im Ausschuss anwesend ist, wird ein Mitarbeiter dazu verdonnert. Oftmals ist dies gleichbedeutend mit stundenlangem untätigen Warten. Und doch ist die Anwesenheit aus Sicht der NPD unverzichtbar. Die anderen sollen nicht denken, sie könnten etwas unbeobachtet tun. Man langweilt sich, erfüllt jedoch diszipliniert seine Pflicht. Deutsche Sekundärtugenden in Reinkultur.

Zu Beginn der Legislaturperiode glänzte die NPD-Fraktion in den Plenarsitzungen dann auch durch eiserne Disziplin. Die Raucherin und die Raucher in der Fraktion hatten es richtig schwer. Inzwischen sind die Prioritäten anders gesetzt. Ist in einem anderen Bundesland ein Wahlkampf zu bestreiten, sind die Reihen deutlich lichter. Auch bei den Redebeiträgen im Plenum ist man wählerischer geworden. Je später der Abend, desto häufiger werden Reden nicht mehr gehalten, sondern lediglich zu Protokoll gegeben. Dies kann daran liegen, dass die Redezeit bereits aufgebraucht ist. Vor allem aber liegt es wohl daran, dass die Medienvertreter den Landtag in den Abendstunden bereits verlassen haben und kaum noch Gäste anwesend sind.

Öffentliche Anhörungen mit Sachverständigen, die durch die Fraktionen für Anträge und Gesetzentwürfe beantragt werden können, stehen für die NPD nur dann oben auf der Agenda, wenn es Anhörungen zu NPD-Anträgen sind oder die NPD mit ganz besonderen »Sachverständigen« aufwarten kann. Wenn es Anhörungen zu NPD-Drucksachen waren, entschieden sich oft die demokratischen Parteien, selbst keine Sachverständigen zu benennen und ebenso nicht teilzunehmen. Dieser Verhaltensvorgabe konnte spätestens dann nicht gefolgt werden, als es zwei Gesetzentwürfe zum Versammlungsrecht, welches durch die Föderalismusreform aus Bundes- in Landesverantwortlichkeit übergegangen ist, in einer gemeinsamen Anhörung gegeben hat. Während der Gesetzentwurf der Staatsregierung die Bundesgesetzlichkeit komplett übernahm und nur zwei Paragraphen zur weiteren Einschränkung der Versammlungsfreiheit anfügte, legte die NPD ein Vollgesetz vor, bei dem sie gleich das gesamte bisherige bundesdeutsche Versammlungsrecht evaluierte und etwa Gegendemonstrationen von vornherein verboten wissen möchte. Der Fraktionsmitarbeiter Per Lennart Aae verteidigte diesen Gesetzentwurf als Sachverständiger.

Die NPD kann in der Regel einen Sachverständigen benennen. Und da waren schon eine ganze Reihe schillernder und prominenter Gestalten dabei. Franz Schönhuber beriet die NPD-Landtagsfraktion in der Europa- und Medienpolitik und war Sachverständiger in einer Anhörung zur Frage der Gebührenerhöhung für den öffentlich-rechtlichen Rundfunk am 3. Februar 2005. Als es im Juli 2005 um die Anhörung des Antrages der damaligen PDS-Fraktion »Berichterstattung der Staatsregierung über den Umgang der Stadt

Leipzig und der Gerichte mit dem vom Neonazi Christian Worch angemeldeten Aufzug und den Einsatz der Polizei beim Aufzug am 1. Mai 2005« ging, hatte sich die NPD gar den Hamburger »Nazi in der Anwaltsrobe« Jürgen Rieger als Sachverständigen eingeladen. In diesem Fall wurde der gewünschte Propagandaeffekt nicht erreicht. Meine Fraktion hatte ein Dossier zu den Aktivitäten Riegers erarbeitet und an alle Anwesenden verteilt. Während der Ausführungen des heutigen stellvertretenden NPD-Parteivorsitzenden Rieger verließen alle Abgeordneten der demokratischen Fraktionen einschließlich des damaligen CDU-Innenministers Thomas de Maizière den Saal. Auch später wurde Rieger völlig ignoriert.

Am 26. September 2005 gab es zwei Anhörungen beim Verfassungs-, Recht- und Europaausschuss. Zuerst ließ sich Prof. Dr. Karl Albrecht Schachtschneider, der auch den CSU-Bundestagsabgeordneten Peter Gauweiler bei dessen Verfassungsbeschwerde gegen das Zustimmungsgesetz zur EU-Verfassung vertrat und wegen der dadurch bedingten Aussetzung des Ratifizierungsprozesses in Deutschland für erheblichen Medienwirbel sorgte, von der NPD als Sachverständiger zu ihrem Antrag auf Erhebung einer abstrakten Normenkontrollklage gegen genau dieses deutsche Zustimmungsgesetz zur EU-Verfassung benennen. Danach wurde ein weiterer Gesetzentwurf behandelt, mit dem die PDS-Fraktion ein weiteres Staatsziel, eine »antifaschistische Klausel«, in die Sächsische Verfassung einfügen lassen wollte. Dabei erfolgte der erstmalige Auftritt des ehemaligen APO-Führers und Soziologieprofessors an der FU Berlin, Bernd Rabehl, für die NPD. Seine dortigen Ausführungen lieferten dem Fraktionsvorsitzenden der NPD Holger Apfel den Einstieg für seine Plenumsrede zum Gesetzentwurf am 24. Januar 2006: »Mit einem abstrakten Feind, den man Faschismus nennt, ohne ihn konkret zu benennen, kann überhaupt kein Kampf gegen die Feinde der Demokratie aufgenommen werden.« Anknüpfend an diese Worte sprach Apfel dann in seiner Rede von »so genannten Antifaschisten«: »Verzweifelt versuchen sie so, einen fiktiven Faschismus zu verhindern, den es in der Realität überhaupt nicht gibt.« Rabehl, der vor einigen Jahren noch jegliche Nähe zur extremen Rechten bestritten hatte, ist inzwischen Dauergast bei der NPD. Zuletzt sprach er im Januar 2009 beim Neujahrsempfang der NPD-Landtagsfraktion im Sächsischen Landtag. Da es der Partei sichtlich an eigenen Intellektuellen mangelt, war ihr dieser Auftritt Rabehls so wichtig, dass ein vollständiger Videomitschnitt davon ins Internet gestellt wurde.

Als es im Juni 2007 um den NPD-Antrag »Verfassungsrechtliche Überprüfung der Bundes- und Landesförderung von Projekten des sogenannten Kampfes gegen Rechts« ging, saßen die NPD-Abgeordneten Jürgen Werner Gansel und René Despang alleine in den für die Landtagsmitglieder vorgesehenen Reihen. Ihr Sachverständiger Dr. Björn Clemens ging auf das Gleichbehandlungsprinzip laut Artikel 3 des Grundgesetzes ein und reklamierte das für die NPD und ihresgleichen, denen sonst nichts so zuwider ist wie die Gleichbehandlung aller. Clemens war der einzige Sachverständige. Es waren aber laut Pressemitteilung der NPD-Landtagsfraktion vom 20. Juni 2007 rund 40 Gäste anwesend, »da die NPD-Fraktion die Veranstaltung in den vergangenen Tagen beworben hatte.« Mir tun an solchen Tagen immer die Stenografinnen und Stenografen leid, sie müssen ebenso wie der Ausschussvorsitzende teilnehmen. Clemens ist zwar lediglich ein ganz normaler rechter Rechtsanwalt, trotzdem war gerade er mit Bedacht anstelle eines Juristen aus den eigenen Reihen gewählt worden. Immerhin war der Burschenschafter Clemens über Jahre stellvertretender Bundesvorsitzender der REPublikaner. Als scharfer Gegner des Bundesvorsitzender Rolf Schlierer ist er ein wichtiger Verbündeter bei der Bekämpfung der ungeliebten Konkurrenz im eigenen Lager.

Zur Arbeit einer Abgeordneten des Sächsischen Landtages gehört es auch, als Gesprächspartnerin für Schulklassen zur Verfügung zu stehen, die den Landtag besuchen. In der Regel betreuen drei Abgeordnete aus verschiedenen Fraktionen die Besucher, die wiederum Wünsche in Bezug auf die Parteien angeben können. Es gab gerade nach dem Einzug der NPD viele Anforderungen nach deren Vertretern als Gesprächspartner. Immer wieder schickte die NPD-Fraktion Jürgen Werner Gansel ins Rennen. Wahrscheinlich traut die NPD selbst nicht allen Fraktionsmitgliedern zu, dass sie sich vernünftig verhalten können. Das Misstrauen dürfte bei Abgeordneten wie dem Landesvorsitzenden Winfried Petzold oder dem Nachrücker Peter Klose aus Zwickau gerechtfertigt sein. Die Runden mit Gansel jedenfalls haben Nachwirkungen. Er gilt inzwischen innerparteilich als Experte für die Argumentation gegenüber Publikum.

Das Amt für Öffentlichkeitsarbeit des NPD-Parteivorstandes hat im Juni 2006 bereits in zweiter Auflage Gansels

»Handreichung für die öffentliche Auseinandersetzung« unter der Überschrift »Argumente für Kandidaten & Funktionsträger« herausgebracht. Im Vorwort schreibt er: »Unter dem lebhaften Eindruck von über 40 Schülergruppen-Gesprächen im Sächsischen Landtag, in denen ich stellvertretend für Fraktion und Partei zu den unterschiedlichsten Fragen Rede und Antwort zu stehen hatte, habe ich diese Argumentationshilfe namens der Dresdner Schule erstellt.« In der Broschüre enthalten sind Fragestellungen wie: »Warum lehnt die NPD die multikulturelle Gesellschaft ab?«, »Brauchen wir angesichts des Bevölkerungsrückgangs nicht eine Zuwanderung?«, »Warum lehnt die NPD so entschieden die Globalisierung ab?« bis hin zu »Warum bekennt sich die NPD zur Wehrmacht und auch zur Waffen-SS?« Die letzte Kapitelüberschrift ist nicht als Frage formuliert. Sie lautet »Holocaust, Kriegsschuldfrage 1939 und Nationalsozialismus«. Gansel empfiehlt, dass sich niemand auf diesen Themenkomplex festnageln lassen, sondern mit dem Hinweis auf die Gegenwartsaufgaben der NPD kontern sollte. Ein mögliches Antwortmuster für Kandidaten und Funktionsträger der NPD wird direkt mitgeliefert: »Ich beteilige mich nicht an der von linken Umerziehern betriebenen Vergangenheitsbewältigung, sondern mir geht es um die Bewältigung der problematischen Gegenwart. Adolf Hitler und die NSDAP sind Vergangenheit, Hartz IV, Globalisierung und Verausländerung aber bittere Gegenwart.« Es folgt der rechtliche Hinweis: »Nach der neuerlichen Verschärfung des Volksverhetzungsparagraphen macht sich zudem schon strafbar, wer die ›nationalsozialistische Gewalt- und Willkürherrschaft billigt, verherrlicht oder rechtfertigt.‹ … Im

Bürgergespräch kann bei Nachfrage auf dieses Maulkorbgesetz und die eklatante Einschränkung der Meinungsfreiheit in geschichtspolitischen Fragen hingewiesen werden, um den BRD-Gesinnungsstaat zu delegitimieren.« Ganz in diesem Sinne hat die NPD-Landtagsfraktion im September 2007 auch einen entsprechenden Antrag eingereicht: »§ 130 StGB streichen – Rechtsstaat und Meinungsfreiheit wiederherstellen!« Damit im Sinne der Meinungsfreiheit die »nationalsozialistische Gewalt- und Willkürherrschaft« gebilligt, verherrlicht oder gerechtfertigt werden kann?

Der Einzug der NPD in den Landtag hatte nicht nur im Landtag selbst Auswirkungen. Die Einrichtung von Wahlkreisbüros gehört dazu. Ein solches Büro steht allen Abgeordneten zu und wird durch den Landtag finanziert. Zu den Kosten, die übernommen werden, gehört das Gehalt für einen Mitarbeiter. Diese Möglichkeiten werden in unterschiedlicher Weise wahrgenommen. Der Landesvorsitzende der NPD, Winfried Petzold, lebte in Grimma, gleich um die Ecke meines eigenen Wahlkreisbüros. Dass ich wenig Lust hatte, sein Wahlkreisbüro in der Nähe des meinen zu haben, wird wohl jede und jeder nachvollziehen können. Grimmas Bürgermeister wollte ebenso keine offizielle Niederlassung der NPD in seiner Stadt dulden müssen und erklärte deshalb gegenüber der örtlichen Presse, dass er sich nicht vorstellen könnte, dass irgendjemand in Grimma an die NPD vermietet. Er hat Recht behalten. Auf den Internetseiten der NPD-Landtagsfraktion war noch im September 2008 nur die Adresse des Sächsischen Landtages und die zentrale Telefonnummer der NPD-Fraktion angegeben.

Inzwischen allerdings ist spürbar, dass für die NPD der

Wahlkampf längst begonnen hat. Auch Petzold hat inzwischen sein »Bürgerbüro«. Abgeschirmt hinter einer Mauer, bewacht von Videokameras, Zutritt nur nach Klingeln, patrouillierende Neonazis: ein gespenstisches Bild im Leipziger Stadtteil Lindenau. In dieser Großstadt war die NPD bisher wenig präsent gewesen. Dies soll sich offenkundig ändern. Noch prägen Übergriffe von Neonazis und Proteste von Bürgerinitiativen das Bild, für die Kommunalwahlen im Juni 2009 aber hat sich die NPD bereits gerüstet. Die Kandidatenaufstellung ist abgeschlossen, das Büro in Lindenau soll als logistisches Zentrum für den Wahlkampf dienen.

Die zentrale Telefonnummer der Fraktion, über die Petzold bis vor wenigen Monaten zu erreichen war, wird auch für den Abgeordneten Alexander Delle angegeben. Es gab in Sachsen erst spät und zuerst nur wenige öffentliche Büros der NPD. Derzeit bestehen fünf davon. Schon recht lang unterhalten Gitta Schüßler ein solches in Meerane und Johannes Müller in Pirna. Gegen die Büros der Nachrücker René Despang in Dresden und Peter Klose in Zwickau gab es vor Ort immer wieder Proteste. Das Zwickauer Büro wird von einer Vertrauten von Helmut Kohl vermietet, dies sorgte bis weit in die CDU hinein für Wirbel. Im Dresdner Stadtteil Pieschen hat sich sogar gleich eine Bürgerinitiative gegen das Büro von Despang gegründet. Im September 2008 hat sie über 1000 Unterschriften gegen das Büro an den Landtagspräsidenten übergeben. Jürgen Werner Gansel hat ein Wahlkreisbüro, dessen Adresse identisch mit der Anschrift des Deutsche Stimme Verlages ist. Der ebenfalls in Riesa lebende Holger Apfel hat sein Büro in Kamenz eingerichtet, einem neuen regionalen Schwerpunkt der Partei, der auf diese Weise unterstützt werden soll.

Die Außenwirkung dieser Büros kann als gering eingestuft werden. Sie sind eher als personell und materiell abgesicherte Standorte der Partei von Bedeutung. In anderen Bereichen wirkt sich der Einzug der NPD in den Landtag sichtbarer aus. Sind Skinheadkonzerte in der Vergangenheit regelmäßig von der Polizei aufgelöst worden, ist nunmehr ein Landtagsabgeordneter anwesend, begrüßt das Publikum und spricht ein paar Worte. Somit handelt es sich nicht mehr um ein Skinheadkonzert, sondern um eine politische Veranstaltung, die unter besonderem Schutz steht, weil ein Mitglied des Sächsischen Landtages zugegen ist.

Weniger wichtig, für die Betroffenen jedoch unangenehm, sind andere öffentliche Auftritte, die sich die NPD-Abgeordneten nicht entgehen lassen. Offizielle Empfänge, Grundsteinlegungen, Einweihungen von Bauwerken und Einrichtungen sind willkommene Anlässe für die Mandatsträger der NPD, sich unter die Leute zu mischen, Smalltalk zu treiben und sich als ganz normale und engagierte Bürger zu geben. Eigentlich habe ich selbst mehr als genug Arbeit zu erledigen. Und doch stehe ich wieder vor Ort, wenn der nächste Grundstein gelegt wird. Schließlich will ich der NPD nicht das Feld freiwillig überlassen.

Glücklicherweise bilden die NPD-Abgeordneten keine homogene Gruppe. Nicht alle Pläne können umgesetzt werden, da in der Fraktion selbst – eigentlich bereits die Elite des Landesverbandes – geeignete Leute fehlen. Bei Parlamentariern wie Klose oder Despang fragt man sich, wie sie es jemals auf eine Landesliste schaffen konnten, selbst langjährig führende Funktionäre wie Petzold oder der Leipziger Jürgen Schön glänzen nicht gerade mit intelligenten Einwürfe oder Rednergabe.

Man kann davon ausgehen, dass die NPD eine Landesliste wie die des Jahres 2004 heute nicht mehr präsentieren würde. Doch die NPD von heute ist auch nicht mehr die von vor fünf Jahren. Zum Zeitpunkt der Listenaufstellung mag sie zwar mit einem für ihre Verhältnisse respektablen Ergebnis gerechnet haben, schließlich war Sachsen ihr stärkster Landesverband, doch ein Einzug in den Landtag lag außerhalb des Vorstellbaren. Die NPD war eine Partei, die faktisch noch in der Illegalität lebte. Das Verbotsverfahren gegen sie war gerade erst gescheitert. Die Mitgliedschaft war sehr jung, es mangelte an erfahrenen Kadern. Der Kern des Personals setzte sich aus einzelnen lokalen NPD-Größen und aus dem Umfeld der Hauptamtlichen beim Deutsche Stimme Verlag zusammen.

Vor Ort bekannte und anerkannte Funktionäre waren Mangelware. Ihr Verlust hatte jeweils gravierende Folgen. Besonders deutlich wurde dies nach dem Unfalltod des Fahrlehrers Uwe Leichsenring. Dies wirkte sich nicht nur für die kommunale Arbeit in der Sächsischen Schweiz sehr negativ aus. Besonders deutlich wurde dies im Landtag, wo ihn sein Nachfolger Dr. Johannes Müller bis heute nicht als Parlamentarischen Geschäftsführer der Fraktion ersetzen kann. Leichsenring hatte die Geschäftsordnung verinnerlicht, er führte andere vor, ließ sich selbst aber nicht übers Ohr hauen. Müller dagegen setzt immer wieder auf Verständnis und Freundlichkeit.

Leichsenrings Tod wird sich nie wirklich aufklären lassen,

auch wenn ein Unfall die wahrscheinlichste Erklärung ist. Auf Seiten der extremen Rechten sind Verschwörungstheorien allerdings immer schnell bei der Hand. In diesem besonderen Fall gibt es tatsächlich einige offene Fragen. Besteht wirklich ein Zusammenhang zwischen dem Tod und der Tatsache, dass seine Partnerin Carmen Steglich recht schnell und öffentlich wahrnehmbar neu verbandelt war? Spielen vielleicht Verbindungen zur bereits verbotenen militanten Kameradschaft »Skinheads Sächsische Schweiz« eine Rolle? Inwiefern war der innerparteiliche Krach um den Umstand, dass er sich bundesweit in diversen Fußballstadien um VIP-Karten bemüht hatte, von Bedeutung? Es handelt sich um Spekulationen, doch machten sie in den Kreisen der Neonazis ebenso schnell die Runde wie die Vermutung, es habe sich um ein geheimdienstliches Attentat gehandelt.

In den Medien wurde über einen Ost-West-Konflikt innerhalb der Fraktion philosophiert. Die Hauptdiskrepanz, die man innerhalb der Fraktion feststellt, ist allerdings den unterschiedlichen Fähigkeiten der einzelnen Personen geschuldet. Man könnte zwar behaupten, dass es immer wieder Ossis sind, die die bereits vorgeschriebenen Redebeiträge kaum fehlerfrei im Plenum vorlesen können. Es wäre mir jedoch neu, wenn bei Ossis eine besondere Lese- und Schreibschwäche nachweisbar wäre. Etwas anderes dagegen kann man belegen: Es sind einige langjährig geschulte Funktionäre der NPD aus dem Westen, die ihren Weg in ein ostdeutsches Landesparlament gefunden haben.

Und selbstverständlich gab und gibt es auch vom Stereotyp abweichende Beispiele. Ein Arzt wie Dr. Müller ist nicht vergleichbar mit dem eher einfach gestrickten Landesvorsitzenden Petzold. Matthias Paul leitete souverän den Umweltausschuss des Sächsischen Landtages. Alle drei sind Ossis. Vielfach war es eher eine Mentalitätsfrage: knallharte Opposition sowie Konfrontation um jeden Preis bevorzugt der eine, Harmonie und Anerkennung der andere. Dass sich bei den aus dem Westen stammenden Landtagsabgeordneten ähnliche Fähigkeiten und Einstellungen nachweisen lassen, hängt mit ihren Biografien und ihrer politischen Sozialisation zusammen. Die Gruppe der Ossis ist hingegen keineswegs einheitlich. Die zweifellos vorhandenen Unterschiede lassen sich an bestimmten Faktoren festmachen, der Geburtsort gehört jedoch nicht dazu. Stärker aber wirken sich Gemeinsamkeiten aus. Alle sind sie völkische Nationalisten, alle haben das geschlossene Weltbild der extremen Rechten. Es wird auch dann nicht abgelegt, wenn ein Abgeordneter die NPD verlässt.

Oder sie verlassen muss wie Klaus-Jürgen Menzel, der weiterhin ständig in den Schlagzeilen ist, nicht zuletzt wegen seinen Verbindungen zur militanten Neonaziszene. Er beschäftigt den Landtag wirklich nur noch mit seinen Skandalen, sei es das versuchte Hereinschmuggeln einer Waffe oder das demonstrative Vorzeigen von Patronen. In regelmäßigen Abständen hebt der Landtag seine Immunität auf und erteilt per Beschluss die Genehmigung zur Erhebung der öffentlichen Klage. Bisher sind die Urteile, durch die Menzel sein Landtagsmandat verlieren würde, allesamt nicht rechtskräftig.

Die drei im Dezember 2005 aus Partei und Fraktion ausgetretenen Mirko Schmidt, Klaus Baier und Jürgen Schön gehörten nicht unbedingt zu den »Leistungsträgern« der NPD-Landtagsfraktion.

Schmidt war immerhin Kandidat der NPD für das Amt des sächsischen Ausländerbeauftragten. Allerdings sollte er nach seiner Wahl nach dem Willen der NPD als »Rückführungsbeauftragter« agieren. Schmidt, dessen jetzige Sächsische Volkspartei von der Staatsregierung nicht als rechtsextrem eingestuft wird und der sich heute demokratisch geläutert gibt, wurde in seiner Rede vom 20. Januar 2005 sehr deutlich. Er zitierte zunächst aus dem im Plenum behandelten Bericht des Ausländerbeauftragten: »Eine kleine, aber unübersehbare Minderheit der Deutschen betreibt nationalistische und fremdenfeindliche Propaganda.« Schmidt kommentierte: »An Sätzen wie diesen ist so gut wie alles falsch«. Völlig auf der Linie seiner Partei führte er aus: »Und drittens – da liegen Sie wahrscheinlich am gröbsten daneben – sind wir keine Minderheit oder gar eine kleine Minderheit. Sie werden sich noch umschauen, meine sehr verehrten Damen und Herren, wie wir mit unserer Politik und mit unserer Position in der Ausländerfrage eines gar nicht mehr so fernen Tages Mehrheiten stellen werden, nur wird es dann vermutlich keinen Ausländerbeauftragten mehr geben. Es wird gut so sein.« Diesen drohenden Worten von Schmidt folgte im Frühjahr 2005 sein Versuch, bei der NPD einen aussichtsreichen Listenplatz für die Bundestagswahlen im September 2005 zu ergattern. Der Versuch scheiterte, Schmidt wandte sich am folgenden Tag an das Landesamt für Verfassungsschutz und verließ die Partei einige Monate später. Angesichts dieser Fakten fällt es schwer, an eine Läuterung zu glauben.

Dies gilt auch für den Annaberger Klaus Baier. Er stellte noch im November 2005, wenige Wochen vor seinem Parteiaustritt, als NPD-Abgeordneter eine Kleine Anfrage unter der Überschrift »Roma und Sinti und ihre Folgen im Bundesland Sachsen«. Als nunmehr Fraktionsloser fragte er im März 2006 nach »Gewerbeanmeldungen sowie Arbeitsannahmen von polnischen Staatsbürgern«. Seiner Fremdenfeindlichkeit hat der Austritt aus der NPD keinen Abbruch getan. Seine Autonummer, die erkennbar eine Wunschvergabe ist, besteht neben diversen Buchstaben aus Achten, stellt also ein Erkennungszeichen innerhalb der Szene dar.

Jürgen Schön, der dritte »Aussteiger«, zuvor immerhin langjähriger stellvertretender Parteivorsitzender der NPD, hatte es vor seinem Austritt in 15 Monaten Landtagszugehörigkeit auf die bemerkenswerte Zahl von zwei Kleinen Anfragen gebracht. In den folgenden zweieinhalb Jahren stellte er weitere 17. Schön, dem erhebliche Alkoholprobleme nachgesagt werden, sandte nach seinem Austritt die folgenden handschriftlichen Zeilen, die von der NPD prompt auf ihren Internetseiten veröffentlicht wurden: »An die Schuldigen!!! Die NPD ist die Verkörperung des Satans! Sie ist der Anti-Christ! Unser Heiland wird die NPD vernichten! Erst wenn die NPD vernichtet ist, wird wieder Glückseligkeit über unser Volk kommen! Jürgen Schön Ich hasse euch!!! Die einfachen Mitglieder ausgeschlossen!« Der Gegenschlag folgte umgehend. Unter der Überschrift »Hallo, Herr Nachbar!« ließ sich der NPD-Landesverband unter Verantwortung von Winfried Petzold dazu hinreißen, Schön in einem in Leipzig verteilten Flugblatt Unterschlagung von Parteigeldern und die Zusammenarbeit mit Geheimdienstleuten zu unterstellen.

Zusammenfassend ist festzustellen, dass von den zwölf Abgeordneten der NPD-Fraktion, die im September 2004 in den Landtag einzogen, viereinhalb Jahre später nur noch Apfel, Delle, Gansel, Müller, Petzold und Schüßler übrig sind. Vier sind fraktionslos im Landtag vertreten und für zwei (Leichsenring und Paul) gab es Nachrücker (Despang und Klose). Die NPD hatte lediglich 15 Personen auf ihrer Landesliste. Jürgen Krumpholz (Görlitz) wäre der letzte mögliche Nachrücker. Doch er hat gemeinsam mit Klaus Baier, dessen persönlicher Mitarbeiter er ist, die Partei verlassen und somit per Gesetz die Möglichkeit des Nachrückens verwirkt. Beide sind heute in der Deutsche Soziale Union (DSU) aktiv.

Die Splitter jenseits des Balkens: Kleinparteien der extremen Rechten

Auch wenn hinter der FAZ laut der Eigenwerbung nach stets ein kluger Kopf steckt, bedeutet dies nicht, dass die für das Blatt schreibenden Journalisten ebenfalls stets kluge Köpfe wären. So liegt FAZ-Journalist Rainer Burger deutlich daneben, wenn er in seinem Blatt am 23. September 2008 das Nationale Bündnis Dresden als »rechtsextreme Splittergruppe« charakterisiert. In dieser lokalen Gruppierung finden sich Mitglieder der NPD, der REPublikaner, der DVU und der Jungen Landsmannschaft Ostpreußen sowie Kameradschaftsangehörige. Über diesen eingetragenen Verein zogen Holger Apfel und zwei weitere Vertreter der extremen Rechten im Juni 2004 bei einem Stimmenanteil von 4,0 % in den Dresdner Stadtrat ein. Apfel gab allerdings, wie zu erwarten gewesen war, schnell sein Stadtratsmandat auf. Heute ist Hartmut Krien, zugleich Vorsitzender der Kommunalpolitischen Vereinigung der NPD, der starke Mann der Fraktion.

Die letzte verbliebene Hochburg des einstmals starken Landesverbandes der REPublikaner in Sachsen ist die Großstadt Chemnitz. Eine Liste der Partei unter Führung des inzwischen zur DSU gewechselten ehemaligen Parteivorstandsmitglieds Martin Kohlmann zog 2004 dank 10,3 Prozent der Stimmen mit fünf Sitzen in den Stadtrat ein. Auch in diesem Fall handelte es sich um eine Bündniskandidatur. Auf der Liste traten auch DSU-Mitglieder und sogar der heutige NPD-Kreisvorsitzende Jörg Schubert an.

Die offizielle Einschätzung der REPublikaner hat sich in den letzten Jahren auch in Sachsen gewandelt. Bis zum Erscheinen des Verfassungsschutzberichtes 2005 wurden die REPublikaner stets zu den »Rechtsextremistischen Parteien« gezählt. Auch 2006 wurden ihre verbliebenen 30 sächsischen Mitglieder noch unter den »Rechtsextremistischen Parteien« geführt, allerdings nur noch in einer Fußnote beachtet: »Zu der Partei DIE REPUBLIKANER bestehen tatsächliche Anhaltspunkte für rechtsextremistische Bestrebungen.« Mehr als eine Fußnote war der lächerliche Kommentar eigentlich auch nicht mehr wert. Im VS-Bericht für 2007 tauchen die REPublikaner zwar wiederum in einer Anmerkung auf, doch hat sich inzwischen die Beurteilung gewandelt: »Hinsichtlich der Partei DIE REPUBLIKANER (REP) insgesamt liegen derzeit keine hinreichend gewichtigen tatsächlichen Anhaltspunkte für Bestrebungen gegen die freiheitliche demokratische Grundordnung vor. ... Innerhalb der Partei wirken jedoch weiterhin Personen, die rechtsextremistische Ziele verfolgen oder unterstützen.« Ob sich der Charakter der Partei wirklich gewandelt hat und woran diese Veränderungen abgelesen werden können, wird das Geheimnis des Landesamtes für Verfassungsschutz bleiben. Warum sich die Einschätzung verändert hat, wurde nie begründet.

Wenn die REPs in Sachsen heute nur noch ein Schatten vergangener Zeiten sind, ist das einerseits ein Resultat des Kurses der Clique um den Parteivorsitzenden Rolf Schlierer. Andererseits handelt es sich um die Auswirkungen einer tödlichen Umarmungsstrategie der NPD. Die damalige Landesvorsitzende der REPs, Kerstin Lorenz, versäumte 2004 die Abgabe der Wahlunterlagen für ihre Partei. Einen Tag vor der Landtagswahl rief sie öffentlich zur Stimmabgabe für die NPD auf. Zur Belohnung gab es einen Job als »Bürgerbeauftragte« bei der Landtagsfraktion. Sie ist nur ein Beispiel von vielen für den Wechsel von den erfolglosen REPs zur erfolgreichen NPD.

Die DSU ist fast nur noch in Sachsen mit einem nennenswerten Landesverband vertreten. Ihre Phase der Erfolge in der Zeit unmittelbar nach der Wende ist vorbei. Nicht nur ehemalige Minister wie Hans-Wilhelm Ebeling und Peter Michael Diestel verließen die Partei, im Laufe der Jahre verlor sie zugleich unzählige Mitglieder wie auch eine Vielzahl an Mandaten. 2004 war sie in Sachsen mit Werten zwischen

2,0 % im damaligen Landkreis Delitzsch und 8,6 % im damaligen Vogtlandkreis in insgesamt neun Kreistagen mit insgesamt 23 Mandaten vertreten. Dieses Ergebnis halbierte sich bei den Kreistagswahlen 2008. Deutlich ist dabei eine regionale Ungleichverteilung. Von den verbliebenen zwölf Mandaten wurden vier in einem einzigen Kreis, dem Vogtland, errungen.

Das Schicksal der DSU lässt sich immer wieder an der Frage ihres Verhältnisses zur NPD und anderen Kräften der extremen Rechten festmachen. Roberto Rink, Bundesvorsitzender der DSU und im Vogtland lebend, knüpfte inhaltlich immer wieder bei der extremen Rechten an. Er trat für Vertriebeneninteressen und die Todesstrafe ein, gab dem Monatsblatt der extremen Rechten, Nation & Europa, im Interview auch zu Bündnisfragen Auskunft und nahm am berühmt gewordenen Neujahrsempfang der NPD-Landtagsfraktion 2005 in Dresden teil. Andere DSU-Mitglieder engagierten sich als Vertrauenspersonen für NPD-Listen zu den Wahlen im Jahr 2004 oder wichen bis zu ihrem Parteiausschluss nicht von der Seite der NPD.

Selbstverständlich bekommt eine Partei wie die DSU auch wieder Zuwachs. Der im Dezember 2005 aus der NPD ausgetretene Klaus Baier landete nach einer Zwischenstation bei der Freiheitlichen Partei Deutschlands, in der er es 2006 bis in den Bundesvorstand brachte, letztendlich bei der DSU. Als fraktionsloser Abgeordneter und Mitglied der DSU schrieb er am 15. Dezember 2006 eine Pressemitteilung, die er vor allem in die Postfächer der Mitglieder des Sächsischen Landtages verteilen ließ. Er wollte zurückgewiesen wissen, dass die DSU eine rechtsextremistische

Partei sei. Er schrieb: »Das Bündnistreffen am 3. Oktober dieses Jahres, am Tag der Deutschen Einheit in Leipzig, hatte die Bildung eines demokratischen Gegengewichtes zur NPD zum Hintergrund. National ist nicht gleich nationalistisch, rechts ist nicht gleich rechtsextrem. Wo es eine demokratische Linke gibt, hat auch eine demokratische Rechte ihre volle Berechtigung. Ansonsten gibt es auf politischer Ebene kein Gleichgewicht und die pluralistische Gesellschaft ist nur eine Worthülse.«

Was war das für ein Bündnistreffen am 3. Oktober 2006 in Leipzig? Der Neonazi Christian Worch war nicht dabei, denn der versuchte zum x-ten Mal demonstrierend durch die Leipziger Innenstadt zu ziehen und scheiterte wie so oft an seinen Gegnern. Zeitgleich hatten sich unbemerkt von der Öffentlichkeit rund 90 Personen im »Haus Leipzig« in der Elsterstraße getroffen. Als Sprecher der vorbereitenden Koordinierungsgruppe fungierte Dr. Johannes Hertrampf, Vorsitzender der Freiheitlichen Partei Deutschlands (FP Deutschland). Zu Beginn des Monats Oktober 2006 gehörten zu dieser FP Deutschland die beiden ehemaligen NPD-Abgeordneten Jürgen Schön, der es dort in rekordverdächtiger Zeit zum Bundesschatzmeister gebracht hatte, und Klaus Baier, der wenige Tage später diese Partei verließ, um zur DSU zu wechseln. Die DSU selbst war prominent mit ihrem stellvertretenden Bundesvorsitzenden und Leipziger Stadtrat Karl-Heinz Obser vertreten. Und noch eine Partei, die für sächsische Entwicklungen nicht ganz unwesentlich ist, war mit ihrem Spitzenpersonal angereist. Es handelte sich um die Sächsische Volkspartei (SÄVP) mit ihrem Gründer und Vorsitzenden Mirko Schmidt, der erst im Dezember 2005 aus der NPD ausgetreten war, sein Landtagsmandat wie alle anderen auch behielt und nun für seine SÄVP reklamieren kann, dass sie im Sächsischen Landtag vertreten ist.

Insgesamt war über ein Dutzend obskurer Klein- bzw. Kleinstparteien bis hin zur esoterischen Partei Spirituelles Bewusstsein anwesend, die auf die eine oder andere Art und Weise ihre Bezüge zur extremen Rechten offenbarten. Sie schmiedeten ein Bündnis und wollten das »demokratische Gegengewicht zur NPD« bilden.

Manche in Sachsen freuten sich heimlich über dieses Bündnis. Sie hofften ganz einfach auf eine Konkurrenz zur NPD in deren Lager, nach dem Motto »Geteilte Kraft ist halbe Kraft«. Ich habe diese Einschätzung nie geteilt. Denn einerseits handelte es sich bei diesem Bündnis um nicht mehr als die Summe von Nullen. Andererseits stimme ich dem früheren niedersächsischen Ministerpräsidenten Gerhard Glogowski zu, der die Frage nach den Unterschieden zwischen den Parteien der extremen Rechten mit dem Diktum beantwortete: »Ich weigere mich, Scheiße nach Geruch zu sortieren.« Es macht keinen Sinn, eine Formation der extremen Rechten zu stärken, die scheinbar ein wenig gemäßigter ist, um einer anderen, radikaleren zu schaden. Braun bleibt braun. Bei allen Strömungen finde ich Fremdenfeindlichkeit, Ungleichheitspostulate und Einschränkungen von Selbst- und Mitbestimmung für die Menschen.

Am 15. September 2007 erfolgte die Gründung eines Vereins, der sich laut Pressemitteilung, unterzeichnet vom Vorsitzenden Klaus Baier, als Fortführung des Bündnistreffens vom 3. Oktober 2006 verstand. Das damals gegründete

»Bündnis für Sachsen« ist laut Baier ein politischer Verein. Er schreibt zu dessen Zielsetzungen: »Schwarzer Sumpf einerseits und der skandalumwitterter NPD-Popanz andererseits, stoßen mittlerweile immer mehr heimatverbundene Menschen in Sachsen ab. Zwischen der volksvergessenen und immer mehr in Richtung Mitte/Links abdriftenden CDU sowie der rückwärtsgewandten NPD klafft eine Lücke in der politischen Landschaft. Diese Lücke werden wir in Zukunft füllen! Mit dieser Gründung ist es uns gelungen, führende Vertreter des konservativen Spektrums an einen Tisch zu bekommen, um eine gemeinsame politische Plattform zu schaffen und für die Zukunft vereinte Wahlantritte zu ermöglichen.« Laut Baier gehören dem Bündnis »Vertreter der wichtigsten fünf in Sachsen bestehenden, konservativen Parteien« an. Genannt werden Obser, Schmidt, Jens Mehlhorn (ehemaliger Landesbeauftragter Sachsen der Schillpartei Offensive D), Baldur Schaefer (Landesvorsitzender der FP Deutschlands) und Mathias Seifert (damals Landesvorsitzender der REP). Erschreckend für alle war die Mitteilung, dass der führend beteiligte Mehlhorn zugleich Kreisvorsitzender des Kinderschutzbundes im damaligen Mittleren Erzgebirgskreis war.

Eigentlich bräuchte man über die erwähnte Freiheitliche Partei Deutschlands kein weiteres Wort mehr verlieren. Ihr einziges Kreistagsmandat hat sie im Juni 2008 verloren. Aktuell ist sie noch im Gemeinderat Thiendorf mit drei Sitzen durch 18,7 % der Stimmen vertreten. Es handelt sich um die letzte kommunale Bastion, die bereits im Juni 2009 geschliffen werden könnte.

Es ist allerdings nicht auf die fehlende Bedeutung dieser

Gruppierung zurückzuführen, dass keine Beobachtung durch das Landesamt für Verfassungsschutz erfolgt. Vielmehr bleibt die Staatsregierung Sachsens bei ihrer Auffassung, dass bei der FP Deutschlands keine tatsächlichen Anhaltspunkte dafür zu finden seien, »dass die Partei z. B. Bestrebungen gegen die freiheitliche demokratische Grundordnung entwickelt.« Doch solche »tatsächlichen Anhaltspunkte« könnten die Schlapphüten beliebig aus öffentlich zugänglichen Quellen ziehen. 2005 schreibt beispielsweise der Parteivorsitzende Hertrampf in der geschichtsrevisionistischen Zeitschrift Recht und Wahrheit: »Trotz aller Umerziehungsversuche ist es im vergangenen Jahrhundert nicht gelungen, das Selbstwertgefühl in unserem Volk auszulöschen. Das hat sich schon 1989 gezeigt. Und das zeigt sich auch gegenwärtig, da die Herrschenden voller Zynismus die soziale Ausplünderung auf die Spitze treiben. Angesichts dieser Gefahr ist ein Aufschwung des Volksbewusstseins und der Bereitschaft zum Widerstand festzustellen. In einer solchen Situation politischer Anspannung werden Tabus gebrochen, Lügen entlarvt und die Tragweite des momentanen Geschehens erfasst. Dieses ungeschriebene Recht des Volkes ist höher anzusetzen als jede Verfassung und jedes Gesetz.« Mir fällt es schwer, den Unterschied zu diversen Verlautbarungen der NPD festzumachen, der sächsische Geheimdienst hingegen sieht Unterschiede und muss das nicht begründen. Bei einem Geheimdienst ist eben alles geheim.

Die behördliche Einschätzung der DSU übrigens sieht ähnlich aus. Eine Abgeordnete der Grünen stellte 2007 einer Kleinen Anfrage folgende Ausführungen voran: »Laut Presseberichten wird die sächsische Deutsche Soziale Union

(DSU) zum Sammelbecken ehemaliger NPD-Mitglieder wie dem Landtagsabgeordneten Klaus Baier oder dem ehemaligen Görlitzer NPD-Chef Jürgen Krumpholz. Der ehemalige Görlitzer DSU-Stadtrat Jürgen Hösl-Daum verteilte revisionistische Flugblätter und wurde wegen des Klebens volksverhetzender Plakate im polnischen Grenzgebiet angeklagt und verurteilt. Der Bundesvorsitzende der DSU, Roberto Rink, nahm Anfang 2005 am Neujahrsempfang der sächsischen NPD-Landtagsfraktion teil. Im Herbst 2005 schoss ein DSU-Mitglied im Vogtland einen irakischen Pizzaboten an. In Chemnitz kooperiert die DSU mit den rechtsextremen ›Republikanern‹.« Die Staatsregierung antwortet nach dieser Aufzählung nachprüfbarer Fakten: »Die Deutsche Soziale Union ist kein Beobachtungsobjekt der Verfassungsschutzbehörden. Im Übrigen wird auf die Beantwortung der Sächsischen Staatsregierung vom 23.06.2004 auf die Große Anfrage der PDS (Drs. 3/10738) verwiesen.« Das ist alles.

Der sächsische Verfassungsschutz tut sich schwer damit, die extreme Rechte als extreme Rechte zu bezeichnen, wenn sich die betreffende Gruppierung nicht ausdrücklich positiv auf die NS-Zeit bezieht. Das macht es leichter, jene Bereiche auszublenden, die vom ausfransenden rechten Rand der Union stammen. Es kann natürlich nicht im politischen Interesse der CDU liegen, die neue Wählergemeinschaft des aus der CDU ausgetretenen Bundestagsabgeordneten Henry Nitzsche als »rechtsextrem« zu bezeichnen, wenn dieser heute nichts anderes sagt als zu Zeiten seiner CDU-Mitgliedschaft. Seine neue Gruppierung nennt sich übrigens »Bündnis Arbeit, Familie, Vaterland – Liste Henry Nitzsche e.V.«

»Arbeit, Familie, Vaterland« war der Slogan der mit den Nazis kollaborierenden französischen Vichy-Regierung. Nicht lange vor Gründung der Wählervereinigung hatte die NPD ihren Bundesparteitag unter dieses Motto gestellt. Sein Ausscheiden aus der CDU ist ihm offenbar von seinen früheren Wählern und zahlreichen ehemaligen Parteifreunden nicht übel genommen worden. Im Kreistag Bautzen, in dem seine Wählervereinigung inzwischen mit vier Sitzen vertreten ist, wird er von CDU-Kreisräten freundlich mit Handschlag begrüßt. Und als er als Ausländerbeauftragter des Kreises kandidierte, erhielt er deutlich mehr Stimmen als seine Wählervereinigung und die NPD im Kreistag Mandate haben. Es sind genau diese Übergänge, die mir mehr Sorgen bereiten, als Spekulationen über die Frage, ob die NPD finanziell zusammenbricht oder ihre Führungsauseinandersetzungen zum Bruch führen werden.

Kampf um die Straße, auch wenn sie schlecht gepflastert ist

2008 feierte die Politprominenz den »Tag der Einheit« in Hamburg. Die meisten Menschen, gerade in Ostdeutschland, lässt dieses Spektakel weitgehend kalt. Sie haben nichts zu feiern, sie haben ihre täglichen Sorgen und Nöte. Auch am 3. Oktober. Feierlaune will nicht aufkommen, wenn die Einheit verbunden ist mit Arbeitslosigkeit, Ärztemangel, Altersarmut. Wenn man zu der bitteren Einschätzung kommt, dass man selbst nicht zu den Gewinnern dieser Einheit gehört. Und dass die Zustände in diesem neuen Staat dringend zum Besseren gewendet werden müssen, damit es im eigenen Leben zu einer Wende zum Besseren kommen kann.

Nach Hamburg hat es mich also nicht gezogen an jenem 3. Oktober. Ich war in Geithain, einer Kleinstadt südlich von Leipzig, die in ihren besseren Tagen einmal Kreisstadt am Rande eines prosperierenden Braunkohlereviers gewesen ist. Heute hat der Ort noch rund 6000 Einwohner, Tendenz fallend. Von Feierlaune keine Spur. Am frühen Nachmittag stand ich am Bahnhof, an dem noch stündlich zwei Züge halten. Einer aus Richtung Chemnitz, einer aus Richtung Leipzig. Es herrschte Betrieb, ungewöhnlicher Betrieb an einem Feiertag, an dem die Pendler nicht dorthin unterwegs sind, wo es noch Arbeit gibt, in die Großstädte. Es kamen Gruppen von Menschen, vorwiegend jüngeren Leuten an, die ebenfalls nicht in Feierlaune zu sein schienen. Fast alle waren ebenso sportlich wie einheitlich schwarz gekleidet, trugen verspiegelte Sonnenbrillen. Der Text der mitgeführten Transparente, geschrieben im Stil von Graffitis, ist zumeist auf den ersten Blick nicht zu entziffern. Bei einem gelingt es mir: »Politisch motivierter Sozialismus«.

Spätestens bei der Lautsprecherdurchsage »Marschformation bilden, in Viererreihen antreten!« ist klar, dass es sich nicht um Linke handeln kann. Der Blick auf den Lautsprecherwagen, einen blauen Ford Fiesta mit Werbung in Frakturschrift für die rassistische Band Blue Eyed Devils untermauert den Eindruck. Der Fahrer trägt ein Palästinensertuch. Auf den mitgeführten schwarzen Fahnen stehen klein und ebenfalls in Frakturschrift in der Ecke Städtenamen: Borna, Delitzsch, Dessau, Eilenburg, Geithain, Merseburg,

Zeitz und Zwickau. Der Ordnung, dieser deutschen Sekundärtugend, ist es zu danken, dass die Zahl der Demonstrierenden sehr genau zu ermitteln ist. 42 Reihen zähle ich. Multipliziert mit vier ergibt dies genau 168 Demonstranten und Demonstrantinnen plus Lautsprecherwagenfahrer und Ordner. Maximal 180 Personen haben sich also an diesem Tag in die sächsische Provinz aufgemacht. Sie bilden einzelne Blöcke. Ein größerer Block trägt vor sich ein Transparent »Zukunft und Heimat schützen! Gegen Globalisierung und Kapitalismus … Freie Nationalisten Dresden / Osterzgebierge«, ein anderer »BRD abwickeln / Deutschland befreien / Nationale Sozialisten Chemnitz / www.freies-netz.net«. »Gegen Konsumwahn und Materialismus / Nationaler Sozialismus!« heißt es auf einem weiteren. Am Laternenpfahl neben mir klebt ein Aufkleber: »Revolution ist machbar! Demo am 03. 10. in Geithain Treff: 14 Uhr Bahnhof«. Statt eines Impressums ist lediglich eine Internetadresse angegeben.

Es ist endlich mal was los in der Stadt. Die Bürger stehen Spalier wie zum Volksfestumzug. Nur einige Plakate mit dem Aufdruck »Nazis raus aus den Köpfen!« machen deutlich, dass nicht alle damit einverstanden sind, dass Nazis durch ihre Stadt marschieren. Die stilisierten SS-Runen auf den stilisierten Hinterköpfen von zwei Neonazis im Bildteil des Plakates sind überklebt. Bereits am Morgen war die Polizei eingeschritten. Die Revierführerin hatte in dem Plakat, das bereits fünfzehn Jahre lang in einer Auflage von mehreren hunderttausend Exemplaren existiert, Werbung für eine verfassungsfeindliche Organisation gesehen.

Einer der Bürger am Straßenrand streitet sich vehement

mit einem Journalisten, der ihm sein Mikrofon unter die Nase hält. Der Pressemann kommt nicht vom zuständigen Lokalblatt, der Leipziger Volkszeitung, sondern gibt sein eigenes Monatsmagazin heraus, den Buchheimer. Bernd-Uwe Hubmann, so heißt der Interviewer, war früher einmal Funktionär der REPublikaner in Bayern, tauchte auch im Adressbuch des verstorbenen Neonazi-Führers Michael Kühnen auf. Sein journalistisches Produkt bezeichnet er als »satirisch«, wohl um der Gefahr von Anzeigen zu entgehen. In der nächsten Ausgabe des Buchheimers wie auch auf seiner Homepage wird er die Meinung des betreffenden Bürgers wiedergeben, es handele sich bei den Demonstrierenden eindeutig um Linke. Und ja, wird Hubmann kommentieren, die Extremisten seien sich eben doch sehr ähnlich.

Doch auch wer die veränderte Erscheinung der Neonazis nicht kennt, wer ihre aktuellen Codes nicht entziffern kann, hätte doch spätestens bei der Eröffnungsrede auf dem Geithainer Bahnhofsvorplatz merken müssen, wes Geistes Kind die so diszipliniert Angetretenen sind. Vom »Erhalt der deutschen Volkssubstanz« ist die Rede, »Deutschland ist noch immer besetzt, es droht Überfremdung«, so wird geklagt. Wenn außerdem aus dem Demozug »Ruhm und Ehre der deutschen Nation« skandiert wird, sollte eine Verwechselung mit Linken eigentlich nicht mehr möglich sein. Den Bürger beim Herausgeber des Buchheimers beeindruckt auch die Losung »Nationaler Sozialismus jetzt« für sein einmal gefälltes Urteil nicht. Für ihn ist Sozialismus immer links. Sozialismus, das war die alte, untergegangene DDR.

Aufgerufen zu der Demonstration hatte das »Freie Netz«, eine erst rund 15 Monate zuvor gegründete Struktur aus dem Spektrum der militanten Neonazis mit deutlichen positiven Bezügen zu den so genannten Autonomen Sozialisten, die tatsächlich in weiten Teilen Stil und Kleidung der radikalen Linken übernommen haben. Bei ihnen kann geschehen, dass nicht die rassistischen Blue Eyed Devils die Konservenmusik für die Demo liefern, sondern dass linke Bands wie Ton, Steine, Scherben oder Slime gespielt werden. Die Gründung des »Freien Netzes« ist auch eine Reaktion auf das Verbot mehrerer Kameradschaften in Sachsen. Die »Skinheads Sächsische Schweiz« wie auch der »Sturm 34« im Nachbarkreis Mittweida waren sogar jeweils als kriminelle Vereinigung unter Anklage gestellt worden. Die Kameradschaftsszene sah sich damit unter Verfolgungsdruck. Ein Teil der Gruppen und Funktionäre suchte und fand Unterschlupf unter dem Dach der Jungen Nationaldemokraten, der Jugendorganisation der NPD. Einige führende dieser Neonazis wurden umgehend in den Landesvorstand der JN gewählt. Ein anderer Teil wich von den festen Kameradschaftsstrukturen auf den eher losen Netzwerkcharakter zurück. Das »Freie Netz« wurde gegründet. Motoren dieses Prozesses waren regional bekannte Neonazis wie Mike Scheffler (Delitzsch) und Thomas Gerlach (Altenburg).

Die Mitglieder des »Freien Netzes« orientieren sich am Leitbild des »politischen Soldaten«, das Michael Kühnen bereits in den achtziger Jahren propagiert hatte. Die alte SA der NSDAP hat hier Pate gestanden. Solche NS-Bezüge werden kaum versteckt. Bereits in der Eröffnungsrede war deutlich zum Ausdruck gebracht worden, dass nicht Wahlen das System verändern werden, sondern dass eine nationale Revolution notwendig sei.

Der Aufmarsch in Geithain war eine Woche zuvor unter dem Motto: »Nationaler Sozialismus – jetzt« angemeldet worden. Die Versammlungsbehörde war vor Gericht mit dem Versuch gescheitert, diese Losung zu untersagen. Ein Verbot war, wie so oft, gar nicht erst versucht worden. Das Landratsamt beschränkte sich auf den üblichen Auflagenbescheid. Der Stadtrat gab eine der üblichen allgemeinen Erklärungen gegen Gewalt und Extremismus ab. Die Kirche organisierte für den Vorabend das übliche Friedensgebet, zu dem die üblichen Verdächtigen einschließlich der Stadtratsfraktion der LINKEN und der Bürgermeisterin kamen, die sich dank des Engagements der Kirche eigene Aktivitäten ersparen konnte. Immerhin hing weithin sichtbar ein Transparent »Gemeinsam gegen Nazis« am Rathaus. Alles verlief also wie üblich, wenn sich Neonazis eine sächsische Kleinstadt zum Ziel erkoren haben.

Alles? Nicht ganz! Als durchaus unüblich kann gelten, dass rund 400 Gegendemonstranten den Weg in die Kleinstadt gefunden hatten. Die überwiegend jungen Leute auf dem Marktplatz kamen aus allen Teilen Sachsens, zumeist aus den drei Großstädten. In Sachsen gilt noch immer, dass Stadtluft befreit. Frei von der tagtäglichen, akuten Bedrohung durch Neonazis. Wer im Freistaat jung ist und nicht angepasst, wer alternativ leben will, wer Wert auf Kultur legt, wer vielleicht gar noch unorthodoxe Gedanken hat, verlässt die Provinz und zieht in die Stadt. Entsprechend hoch ist der Altersschnitt in den Dörfern und Kleinstädten. Die trotzdem weiter dort leben, sind die Zurückgebliebenen im Wortsinne: jung, männlich, schlecht qualifiziert. Eine leichte Beute für die Neonazis, wenn Nachwuchs rekrutiert wird. Unüblich war an diesem Morgen nicht nur, dass überhaupt eine Gegendemonstration stattfand, ebenso unüblich war, dass diese von den Mitgliedern des örtlichen Jugendclubs vehement gefordert worden war und dass an der Spitze des Zuges fast die komplette noch mobile örtliche Mitgliedschaft der LINKEN marschierte. Nur eine knappe Woche hatte für die Mobilisierung reichen müssen. Dass so viele gekommen waren, macht Mut. Und Mut ist bitter nötig in der Provinz. Viele derer, die angereist sind, kommen ursprünglich selbst aus Kleinstädten und wissen nur zu genau, was es heißt, wenn dem braunen Mob die Straße überlassen wird.

Warum trifft es eigentlich gerade Geithain? Das Städtchen liegt genau in jener Region, in der die Strukturen der NPD eher schwach entwickelt sind und gleichzeitig ein erhebliches mobilisierungsfähiges Potenzial besteht. Die Region zwischen Dresden, Chemnitz und Leipzig ist zu einem neuen Schwerpunkt der Neonazis in Sachsen geworden. Zunehmend finden die örtlichen Gruppen, deren Lebensstil und politischen Praxis eine »Organisierung ohne Organisation« entspricht, zum »Freien Netz«. Dieses hat sich mit seiner konspirativen Arbeitsweise, seiner ausgeprägten Aktionsorientierung und seiner hohen Mobilisierungsfähigkeit als äußerst attraktiv erwiesen. Diesem »Freien Netz« hatten sich ein gutes halbes Jahr nach dessen Gründung auch die bisherigen Kameradschaften aus Geithain und der Kreisstadt Borna angeschlossen. Seither haben die Aktivitäten der Szene stark zugenommen.

In der Vergangenheit war Geithain in Bezug auf die extreme Rechte nicht sonderlich aufgefallen. Neonazi-Kameradschaften gibt es schließlich fast überall. Auch die Wahlergebnisse für die extreme Rechte und die erfassten einschlägigen Straftaten waren durchschnittlich. Die Erkenntnisse der Staatsregierung zeigen das Bild einer ganz normalen sächsischen Kleinstadt. Am 9. Februar 2008 hatte, so die Staatsregierung, in Geithain ein von »Rechtsextremisten« veranstaltetes Hallenfußballturnier mit »ca. 80 Teilnehmern« in einer städtischen Turnhalle stattgefunden. Der zu dieser Zeit amtierende Bürgermeister war erst nachträglich darüber informiert worden, welche Art von Freizeitfußballern sich getroffen hatte. »Hätte ich das gewusst, hätte ich das verhindert«, beteuert er. Durchaus glaubhaft, denn Nazisympathien hat er gewiss nicht, auch er ist an dem fraglichen Morgen unter den Gegendemonstranten zu finden. Eine Nazi-Band gibt es seit geraumer Zeit im Ort. Eine, die sich enger Kontakte zum militanten, inzwischen verbotenen »Sturm 34« rühmen kann. Die Band Projekt Irminsul produzierte 2007 eine Demo-CD mit dem Titel »Herrscher des Nordens«. Der Titel passt zum Bandnamen, bei Irminsul handelt es sich nicht um irgendeine Holzsäule, sondern um jene, die vor Jahrhunderten von den Sachsen verehrt wurde und dem Schlachtengott Irmin geweiht war.

Sport und Musik sind wesentliche Elemente, die dazu beitragen, das Gruppengefühl zu stärken. Neben politischen Aktionen sind sie wichtige Elemente des Szenelebens, das in Sachsen sehr vielfältig und ausgeprägt ist, gerade weil die entsprechende Subkultur so groß ist. Es ist eine eigene Gesellschaft mit ihren eigenen Regeln, ihrer eigenen Musik und ihrer eigenen Kleidung innerhalb der Gesamtgesellschaft und zum Teil gegen sie. In der Antwort der Staatsregierung auf die Kleine Anfrage zu Strukturen der extremen Rechten in Sachsen heißt es diesbezüglich: »Der Freistaat Sachsen verfügt auch 2008 über dicht ausgebaute rechtsextremistische Vertriebsstrukturen. Hier waren ... insgesamt siebzehn Vertriebsunternehmen aktiv, die zusammen neun Versandhandel und dreizehn Szene-Läden sowie fünf Tonträger-Labels betrieben«.

Die offiziellen Angaben zu »rechtsextremistischen Musikgruppen« signalisieren ebenfalls einen Anstieg. Im Verfassungsschutzbericht für 2007 war die Rede von mindestens 16 Bands, die in diesem Jahr als aktiv galten, die also Konzertauftritte bzw. Tonträgerveröffentlichungen hatten. Dann führt der Bericht 13 Bands, »deren Aktivitäten den Behörden offen bekannt wurden«, namentlich auf. Darunter sind neben dem genannten Projekt Irminsul so imposante Bandnamen wie Aryan Hope aus Wurzen, Blitzkrieg aus Chemnitz, Eye of Odin aus Borna, Racial Purity aus Dresden und White Resistance aus dem Erzgebirge. In der Antwort auf eine andere Kleine Anfrage spricht die Staatsregierung für das gleiche Jahr 2007 von 14 Bands. Dort wird zusätzlich Mosphit aufgeführt, als Ortsangabe steht »Thüringen/Sachsen«. Es ist vor allem der zu Thüringen gehörende Raum Altenburg, um den es dabei geht. Gleich hinter der Landesgrenze liegen das sächsische Borna und Geithain. 2008 sind insgesamt 19 Bands aktiv gewesen. Manche Band hat sich umbenannt, so ist aus der Bornaer Gruppe Eye of Odin nun Voice of Odin geworden. Während für 2007 sechs CD-Produktionen bekannt geworden waren, sind es für 2008 insgesamt zehn. Die höheren Zahlen dürften kaum auf eine verbesserte Arbeitsweise der zuständigen Behörden zurückzuführen sein. Mindestens 43 Konzerte wurden 2008 in Sachsen durchgeführt. Das sind drei bis vier Konzerte im Monat. Anders ausgedrückt: Fast jedes Wochenende kann man sich irgendwo in Sachsen zum Nazi-Konzert treffen.

Fast schon bewundernswert ist der Ideenreichtum des Landesamtes für Verfassungsschutz. Sie machen es sich nicht so einfach wie ihre Kollegen in NRW. Die sprechen simpel von der parlamentsorientierten, der diskursorientierten und der aktionsorientierten extremen Rechten. Im Nazijargon entspricht das dem »Kampf um die Parlamente«, dem »Kampf um die Köpfe« und dem »Kampf um die Straße«. Die sächsischen Schlapphüte differenzieren subtiler. Bei ihnen gibt es vier Gruppen. Zunächst die rechtsextremistischen Parteien, unter die seit 2007 nur noch NPD, DVU und Nationales Bündnis Dresden subsummiert werden. Dann die »neonationalsozialistischen Bestrebungen«. Als deren Vertreter sieht man rund 220 Kameradschaftsangehörige und rund 500 Mitglieder so genannter »Freier Kräfte« außerhalb erkennbarer Organisationsstrukturen an. Als dritte Gruppe werden »Rechtsextremistische Skinheads, gewaltbereite Rechtsextremisten und Kameradschaftsangehörige« geführt. Dazu sollen 650 rechtsextremistische Skinheads und sonstige gewaltbereite Rechtsextremisten sowie 630 Mitglieder anderer rechtsextremistischer Kameradschaften gehören, die ausdrücklich keine Neonazis sind. Als viertes tauchen »Sonstige rechtsextremistische Organisationen« auf, wobei namentlich nur die Junge Landsmannschaft Ostdeutschland (JLO) genannt wird. Als Summe werden für Sachsen im Jahr 2007 rund 3000 »Rechtsextremisten« angegeben.

Für eine Auseinandersetzung mit der extremen Rechten halte ich eine derartige Kategorisierung für wenig hilfreich. Ich bezweifle, dass die Nazis sich selbst derart in Gruppen einteilen. Dort wird man auch kaum fragen, ob jemand ein »neonationalsozialistisches« Kameradschaftsmitglied ist oder ob er in einer Kameradschaft ist und sich anders definiert. Burschenschafter und Mitglieder anderer rechter Verbindungen werden weder untersucht noch erfasst. Rechte esoterische Gruppen spielen keine Rolle in der Darstellung des VS. Eine rechte Musikszene außerhalb des Bereichs der Skinheadmusik existiert scheinbar nicht. Die Übergänge zwischen der angeblich demokratischen Rechten, wie der DSU, und der extremen Rechten werden selbstverständlich ausgeblendet. Meiner Ansicht nach sind Inlandsgeheimdienste immer schädlich für die Demokratie. Nicht zuletzt das gescheiterte NPD-Verbotsverfahren belegt das. Ein »Verfassungsschutz«, der so arbeitet wie der sächsische, ist allerdings zugleich auch noch überflüssig.

Will ich seinen Angaben trotzdem glauben, hat es 2007 im Freistaat 28 Kameradschaften gegeben. Namen und Wirkungskreise sind (fast) geheim, um – so die Standardaussage – keine Rückschlüsse auf die Arbeitsweise des Verfassungsschutzes zu ermöglichen. Im Jahresbericht wird auf einer kleinen Landkarte, die in Grautönen gehalten ist, lediglich auf den Kreis verwiesen. Wenn ich ein gutes Auge habe, kann ich erkennen, dass es demnach im untersuchten Jahr in Chemnitz zwei Kameradschaften gegeben haben soll. Glaube ich dagegen der Antwort auf die Kleine Anfrage »Kameradschaften bzw. lose Personenzusammenschlüsse in Chemnitz«, muss ich davon ausgehen, dass 2007 dort die »Nationalen Sozialisten Chemnitz«, die »Neue Ordnung Deutschland« (NOD), die »New Society« (NS), die Gruppierung »Heckcost«, die »Schutzstaffel Chemnitz (SSC)«, die »Gruppe ›Sunny‹« und die »Nationale Front Chemnitz« aktiv waren. Da es nur zwei Kameradschaften in der Stadt gibt, müssten die anderen fünf folglich »lose Personenzusammenschlüsse« sein. Vor Ort wird die Aufzählung insgesamt und die Bewertung zur Einschätzung, ob diese aktiv oder inaktiv sind, als eher untertrieben eingeschätzt.

So ungenau die Darstellung für ein relativ übersichtliches Gebiet wie die Großstadt Chemnitz auch sein mag, so hat sie in Sachsen in ihrer Konkretheit und Detailfülle doch eher Seltenheitswert. Meistens hält man sich völlig bedeckt. »Es liegen weitere Erkenntnisse vor, die im Rahmen der öffentlichen Beantwortung der Anfrage aus Gründen der Geheimhaltung nicht mitgeteilt werden können, da sonst Rückschlüsse auf die Arbeit der Verfassungsschutzbehörde und somit darauf, wie sie ihre Informationen erhebt, gezogen werden könnten.« Diese Formulierung ist Standard und immer wieder in den Drucksachen des Sächsischen Landtages zu lesen. Böse Zungen gehen davon aus, dass sie hauptsächlich dazu gedacht ist, das eigene Unwissen zu kaschieren. Mittels der Angaben der Behörden wird man sich schwerlich ein realistisches Bild von der tatsächlichen Situation der aktionsorientierten extremen Rechten in Sachsen machen können. Für die Arbeit vor Ort ist es übrigens auch völlig irrelevant, ob es sich bei der Nazigruppe in Thümmlitzwalde um eine Kameradschaft oder um einen losen Personenzusammenschluss handelt, ob sie stringent »neonationalsozialistisch« ausgerichtet ist oder einfach nur rassistisch ist und außerdem gern prügelt. Entscheidend ist doch die Frage, welches Bedrohungspotenzial eine solche Gruppe in ihrem Umfeld entwickelt, ob regionale Kooperationen bestehen oder ob sie isoliert handelt. Nur in Ausnahmefällen ist wenigstens ein schemenhaftes Bild zu erkennen. Gerade wenn die Behörden einen Erfolg vermelden wollen, erschrickt die Bevölkerung, da sie erkennt, was da ohne ihr Wissen jahrelang in ihrem Umfeld passiert ist. Wenn bei Hausdurchsuchungen im Vorfeld des Verbots der »Skinheads Sächsische Schweiz« (SSS) Waffen gefunden werden, dann lässt sich die Problemlage nur noch schwer beschönigen.

Welche Vorfälle gelangen tatsächlich in die Öffentlichkeit? Welche werden vertuscht? Welche Gründe gibt es jeweils für die Vertuschung oder Irreführung? Manchmal hat die unterbliebene Information der Öffentlichkeit ganz banale Gründe. So gibt es in der Polizeidirektion Westsachsen an Wochenenden schlicht keine Pressemeldungen der Polizei. Doch warum erwähnt der Innenminister Ende vergangenen Jahres den Brandanschlag auf ein Wohnheim politischer Flüchtlinge in Eilenburg, der in der lokalen Presse zuvor nie mit auch nur einer Zeile erwähnt worden war? Warum werden in einer Pressemitteilung der Polizei antisemitische Schmierereien an der Frauenkirche in Grimma einfach zu »Graffiti« ohne Nennung des politischen Hintergrundes?

Ich wunderte mich, dass ein Nazikonzert in Wurzen nicht in der monatlichen Statistik auftauchte und fragte nach. Die Antwort verblüffte alle Insider. Die betreffende

Band, Kategorie C – Hungrige Wölfe, wird in Sachsen nicht als rechtsextremistisch eingestuft. Das Konzert war ursprünglich für den Raum Halle geplant gewesen und in Sachsen-Anhalt verboten worden. Dieses Konzert hätte trotzdem verhindert werden können, denn für die Halle, in der es stattfand, gab es eine baupolizeiliche Nutzungsuntersagung. Die Polizei, die im Vorfeld unterrichtet worden und in ausreichender Stärke vor Ort war, konnte trotzdem nicht eingreifen, da der Oberbürgermeister der Stadt ihr die Existenz dieser Nutzungsuntersagung nicht mitgeteilt hatte. Es gibt also viele Gründe, weshalb die Öffentlichkeit nur ein verzerrtes und geschöntes Bild der tatsächlichen Lage erhält.

Ende 2006 häuften sich die Übergriffe auf Büros der PDS im Landkreis Mittweida. Die Fensterfronten waren fast häufiger mit Spanplatten verkleidet als mit Glasscheiben versehen. Die Regionalzeitung, die »Freie Presse«, berichtete über die Häufung der Vorfälle. Der Blick in die Statistik »Politisch motivierte Kriminalität – rechts« verstärkte den Eindruck einer sich verschärfenden Problemlage. Im Landkreis war eine überdurchschnittliche Zahl an Propagandadelikten und besonders von teilweise erschreckend brutalen Gewalttaten festzustellen. Es verging kaum eine Woche ohne weitere einschlägige Straftaten. Die Opferberatungsstellen stellten fest, dass besonders oft Ausländer, Punks und scheinbare Linke angegriffen wurden.

Die Lage war mit der in der Sächsischen Schweiz vor dem Verbot der »Skinheads Sächsische Schweiz« zu vergleichen. Meinen Mitstreitern und mir erschien es unwahrscheinlich, dass es sich um eine zufällige Häufung von Einzelstraftaten handelte. Wir gingen davon aus, dass eine organisierte Gruppe dafür verantwortlich war. Also kündigte ich zu diesem Thema Fragen für die Sitzung des Innenausschusses am 26. April 2007 an. Genau an diesem Tag verbot der Innenminister die Kameradschaft »Sturm 34« im Kreis Mittweida, von deren Existenz die Öffentlichkeit vorher nicht das Geringste gewusst hatte.

Genau 36 größtenteils junge Nazis sollen diesen »Sturm 34« – benannt nach einer SA-Brigade, die in der Region ihren Sitz gehabt hatte – in der Nacht vom 4. zum 5. März 2006 offiziell gegründet haben. Laut Verbotsverfügung »setzt sie sich im Wesentlichen aus Mitgliedern der ehemaligen ›Division Sächsischer Sturm‹ (DSS) zusammen«. Division Sächsischer Sturm? Auch mir als Fachfrau zum Thema sagte diese Gruppe nichts. Die Recherche ergab lediglich einen Hinweis. In einer kleinen Broschüre des Landesamtes für Verfassungsschutz über rechte Jugendkultur wird eine gleichnamige »rechtsextremistische Musikgruppe« genannt. Eine Band mit mehr als 30 Mitgliedern? Ein wohl eher unwahrscheinliches Szenario. Es war einfach wieder einmal so, dass die Öffentlichkeit über die tatsächlichen Strukturen der Neonaziszene in ihrer Region im Unklaren gelassen worden war.

Hätte man die volle Wahrheit gesagt, hätte man erklären müssen, warum man nicht gegen eine Vereinigung aktiv wurde, die im Landkreis im Jahr 2006 über 80 Straftaten, darunter acht Körperverletzungen, begangen hatte. In Zusammenhang damit war übrigens keine einzige Festnahme erfolgt. 2007 erhöhte sich die Zahl der einschlägigen Straftaten nochmals deutlich. Die Behörden schwiegen weiterhin.

Der Erklärungsbedarf ist natürlich geringer, wenn ich von einer Häufung von Einzelstraftaten anstatt vom verabredeten Agieren einer Gruppe ausgehe, die Terror ausüben will. Dabei wusste es zumindest die zuständige Polizeidirektion Chemnitz-Erzgebirge besser. Sie war, wenn man es so ausdrücken will, sogar direkt an der Gründung des »Sturm 34« beteiligt gewesen und bekam seitdem regelmäßig Berichte über alle Planungen und alle Straftaten. Gelegentlich wussten die Beamten bereits von einem Überfall, dass dieser stattfinden sollte. SMS eines Spitzels, eines ehemaligen Polizeibeamten, machten es möglich. Doch weder wurde das Innenministerium durch die Polizeidirektion über die veränderte Gefahrenlage informiert, noch wurde die Polizeipräsenz vor Ort verstärkt.

Es entwickelte sich ein beklemmendes Klima in der Region. Wenige Tage vor dem Verbot des »Sturm 34« hatte ich in Mittweida eine öffentliche Veranstaltung im Wahlkreisbüro unseres dortigen Bundestagsabgeordneten. Das Büro befindet sich in unmittelbarer Nähe des Marktplatzes, im Zentrum der Stadt. Als ich um die Straßenecke zum Büro bog, sah ich sie. Gehört hatte ich sie schon längst. Ein gutes Dutzend Neonazis, manche davon mit Bierflaschen in der Hand, jedem Klischee über Neonazis entsprechend, belagerte das Haus. Davor, mit laufendem Motor, ein Auto mit offenen Türen, aus dem die passende Musik erklang. Die Scheiben des Büros waren kurz zuvor wieder einmal zu Bruch gegangen. Die Rahmen waren mit Platten vernagelt. Die draußen konnten nicht sehen, wer drinnen war. Die drinnen nicht, was sich draußen abspielte. Nur der Lärm war unüberhörbar. Wie in einem schlechten Film wurde nach meinem Klopfen die Tür einen Spalt weit geöffnet, ich nach der Kontrolle hereingelassen. Die Polizei wurde telefonisch alarmiert. Doch in Alarmstimmung schien sie durch die Mitteilung nicht versetzt worden zu sein. Man werde in rund einer halben Stunde Beamte vorbeischicken, lautete die lapidare Auskunft. Man habe gerade keine Kräfte zur Verfügung.

Die avisierten Beamten erschienen weder nach einer halben Stunde, noch erschienen sie überhaupt. Die Jugendlichen im Wahlkreisbüro hatten das vorausgesagt. Sie hatten sich daran gewöhnt, dass die Polizei entweder zu spät oder gar nicht kam. Käme sie dann endlich, so bestünde das normale Verfahren darin, zunächst einmal die Personalien der Opfer aufzunehmen. Das Konzept der »national befreite Zone« schien hier bereits weitgehend erfolgreich umgesetzt worden zu sein. Andersdenkende und Andersaussehende konnten sich nur noch mit Angst bewegen.

Auch wenn es an diesem Abend beim Büro keine weiteren Zwischenfälle mehr gab, war doch das Ziel das Nazis – Einschüchterung – voll und ganz erreicht worden. Es herrschte ein Klima der Gewalt. Sie war spürbar, auch wenn man nicht direkt ihr Opfer wurde. Vorsichtshalber ging ich an jenem Abend nicht allein zurück zu meinem Auto. Am nächsten Morgen erfuhr ich aus den Medien, dass es in Mittweida keineswegs ruhig geblieben war. An dem Abend war es zu einem Angriff auf einen Ausländer und dessen deutsche Begleitung gekommen. Bei uns war es bei einer Bedrohungssituation geblieben, nicht weit entfernt hatte es tatsächlich Opfer gegeben. Ich kann die Erbitterung der jungen Leute über das Verhalten der Polizei verstehen. Ich kann nachvollziehen, dass sie sich nicht auf sie verlassen, dass sie sich darauf vorbereiten, sich selbst wehren zu können. Die Polizei beschleunigt somit das Anwachsen der Gewalt.

Ich weiß, dass diese Untätigkeit der Polizei glücklicherweise nicht flächendeckend ist. Auch in Sachsen nicht. Ich habe in dem Landkreis, in dem ich lebe, mehrfach erlebt, dass die Polizeipräsenz in besonderen Gefahrenlagen über einen längeren Zeitraum sichtlich erhöht worden ist und damit ein merklicher Verfolgungsdruck aufgebaut wurde. Im Kreis Mittweida schien sich dagegen die Situation genau umgekehrt entwickelt zu haben. Nicht die Polizei beobachtete die Neonazis, sondern diese spähten die Polizei aus und richteten ihr Handeln danach aus. Wenn nach einem Alarm der Streifenwagen des Reviers an ein Ende des Revierbereichs unterwegs war, dann schlugen Mitglieder des »Sturm 34« am anderen Ende zu. Man wusste genau, wie viel Zeit man zur Verfügung hatte, um ungefährdet wieder vom Ort des Geschehens zu verschwinden. Das Resultat ist vorhersagbar: Die Nazis fühlen sich unangreifbar, werden in ihrem Vorgehen zunehmend dreister. Ihnen kann und wird, so ihr Empfinden, ja nichts passieren.

»Sturm 34« wurde auf diese Weise ein Erfolgsmodell. Man brauchte gar keine erfahrenen Kader, keine klugen Anführer, keine ausgeklügelten Konzepte und ausgearbeiteten ideologischen Grundlagen. Der gemeinsame Wille zum Terror langte völlig. Die übergroße Mehrheit der Gruppe bestand aus den üblichen dumpfen Dorfnazis. Weder war genügend Geld vorhanden noch Fahrzeuge in ausreichender Zahl. Doch es gab einen überdurchschnittlichen Anteil weiblicher

Akteure und einen festen Treffpunkt, an dem immer etwas los war. Schon das konnte in der sächsischen Provinz Anziehungskraft ausüben. Mit Rudolf Schlotter, einem ehemaligen Immobilienmakler, war ein Mäzen vorhanden. Mit dem damals gerade volljährigen Tom Woost hatte man einen geradezu charismatischen Führer, der sich bei Gewaltakten nicht versteckte, sondern stets selbst an vorderster Front zu finden war. Das sind einige der Rahmenbedingungen. Hinzu kommt der Bürgermeister, der das Gesetz des Schweigens ehern befolgte.

Die Liste der gewalttätigen Übergriffe von Mitgliedern und Sympathisierenden des »Sturm 34« ist lang. Sie riss auch nach dem Verbot keineswegs ab. Ein Bruch war in keiner Hinsicht festzustellen. Auf »Sturm 34« folgte »Sturm 34a«. Zum Zeitpunkt des Verbotes wurde von 50 bis 60 Personen als »harter Kern« und rund 100 Sympathisierenden gesprochen. Die nunmehr bekannte Gruppe wurde als Problem der Stadt Mittweida und des gleichnamigen Landkreises behandelt. Eine erneute Irreführung. Ein einziger Blick in die Auflistung der Tatorte und die Aufstellung der Wohnorte der Tatverdächtigen ist hinreichend für die Erkenntnis, dass das Problem die Kreisgrenzen längst überschritten hatte. Chemnitz, Stollberg und Oelsnitz im Erzgebirge aus Nachbarkreisen tauchen immer wieder in den Akten auf. In der Berichterstattung wurden sie ausgeblendet. Mittweida war – mit Recht – stigmatisiert, andere Kreise jedoch konnten weiterhin untätig bleiben, da sie nicht als Teil des Problems ausgemacht waren. Ich fragte selbstverständlich, warum in Zusammenhang mit »Sturm 34« fast ausschließlich über Mittweida gesprochen wurde. »Na dort war der Gründungsort«, so die lapidare Antwort eines höheren Polizeibeamten. In Stollberg hieß es lange Zeit, dort sei ein Ableger von »Sturm 34« am Werk gewesen. Es war jedoch der »Sturm 34« selbst, der seine Tätigkeit dorthin ausgeweitet und vor Ort Mitglieder rekrutiert hatte.

In Stadt und Landkreis Mittweida hat man versucht, sich dem Problem zu stellen und es zu bekämpfen. Dies geschah zunächst gegen den deutlichen und hartnäckigen Widerstand der Lokalpolitik. Die ablehnende Haltung bröckelte, nachdem unter großer Beteiligung ein kreisweites Bündnis gegründet wurde. Der geplante Angriff der Neonazis auf die Gründungsveranstaltung konnte durch die Polizei verhindert werden. Auf die neuerlichen Schlagzeilen wurde dann endlich reagiert. Intensive Bündnisarbeit folgte, eine Demonstration mit weit über tausend Teilnehmenden wurde organisiert, ein lokaler Aktionsplan wurde erstellt. Es gab viele Diskussionen, viel Streit, gegenseitige Vorwürfe und Schuldzuweisungen. Das ist völlig normal. Wichtig ist, dass endlich Teile der Bevölkerung beschlossen hatten, den Terror nicht mehr zu dulden und gemeinsam dagegen Front zu machen. Der dadurch entstandenen Dynamik konnten sich auch die Kommunalpolitiker nicht entziehen.

Nur das ebenso konsequente Agieren von Polizei und Justiz blieb aus. Es ist die Regel und nicht die Ausnahme, dass nachgewiesene Körperverletzungen mit Bewährungsstrafen geahndet werden, dass die Verhandlungen zu den betreffenden Delikten teilweise erst Jahre nach der Tat stattfinden. Ist der Verhandlungsort für einen dieser Prozesse das Amtsgericht Hainichen im Kreisgebiet, lässt sich risikolos die Voraussage treffen, dass die Strafen äußerst mild ausfallen werden.

Auch der Prozess gegen fünf Führungskader des »Sturm 34« vor dem Landgericht Dresden ist bezüglich des wichtigsten Anklagepunktes, dem der Bildung einer kriminellen Vereinigung, erst einmal gescheitert. Mit auf der Anklagebank saß der V-Mann des Staatsschutzdezernates der Polizei. Er war zum Zeitpunkt des Prozesses inhaftiert. Der Umstand, dass er seit der Gründung die Polizei über viele Details informiert hatte, drohte den gesamten Prozess platzen zu lassen. Seine V-Mann-Führer hatten ihn fallengelassen und sogar ans Messer geliefert. Er fühlte sich zu keiner Loyalität mehr verpflichtet. Vieles, was die Öffentlichkeit schlussendlich über »Sturm 34« erfuhr, ist seinen lückenlosen, völlig glaubhaften Angaben zu verdanken. Auf der anderen Seite Polizeibeamte, so genannte Staatsschützer, die sich in Widersprüche verwickelten, sich hinter fehlende Aussagegenehmigungen flüchteten. Mehr als drei Monate dauerte es, bis das Urteil, das nicht befriedigen konnte, schriftlich vorlag. Beide Verfahrensseiten hatten zu diesem Zeitpunkt längst angekündigt, dass sie in die Revision gehen würden.

Ob das Vereinsverbot gegen »Sturm 34« durchgesetzt wird oder nicht, ist noch immer von Zufällen abhängig. Wurde unmittelbar nach dem Verbot scheinbar konsequent und unnachsichtig vorgegangen, indem »Versammlungen« von drei glatzköpfigen Sympathisanten der Gruppe, die rauchend zusammenstanden, aufgelöst wurden, so wandelte sich der Aktionismus schnell wieder in die bekannte Laissez-faire-Haltung. Jetzt müssen wieder Bürger zunächst das Revier anrufen, wenn sie eine Zusammenrottung von »Sturm 34«-Leuten beobachten.

Am 2. Mai 2008 fand in Borna eine Nazi-Demonstration

gegen »Kinderschänder« statt. Auf dem Parkplatz am Bahnhof standen sieben Autos mit Mittweidaer Kennzeichen. Im Demonstrationszug selbst dann etliche Gesichter, die im Zusammenhang mit »Sturm 34« bekannt waren. Die Polizei hat das nicht interessiert: »Wir hatten nicht genügend Personal«.

Journalisten der bürgerlichen Tagespresse erkannten sehr genau, dass und wie das Verbot umgangen wurde, und berichteten in ihren Blättern darüber. »Fast 30 Personen aus dem Umfeld des verbotenen ›Sturm 34‹ zählen Beamte in dem Aufzug«, hieß es in einem Artikel zu der erwähnten Neonazi-Demonstration am 3. Oktober in Geithain.

Die Verbotsverfügung verschwieg nicht, dass ein Teil der Mitglieder des »Sturm 34«, ebenso wie des Vorläufers »Division Sächsischer Sturm«, gleichzeitig dem NPD-Kreisverband Mittweida angehörte. Mitglieder des »Sturms« nahmen an der Beisetzung Uwe Leichsenrings teil, Mitglieder waren am NPD-Stand beim »Tag der offenen Tür« im sächsischen Landtag anwesend, Mitglieder des »Sturm 34« verteilten die Flyer der NPD in die Briefkästen der Region. Wurde Saalschutz für Konzerte oder Veranstaltungen benötigt, so bestellte der langjährige NPD-Kreisvorsitzende den Kameradschaftsführer Woost, selbst Mitglied des NPD-Kreisvorstandes, zum Befehlsempfang zu sich ein. Wurden Ordner für eine Demonstration der Jungen Nationaldemokraten in der Nachbarkreisstadt Döbeln gebraucht, erfolgte die entsprechende telefonische Anfrage direkt aus der NPD-Landtagsfraktion.

Als Mitglied des Landtages hat man nicht viele Möglichkeiten, bei solchen Erkenntnissen aktiv zu werden. Die zweckmäßigste Vorgehensweise besteht darin, sich dümmer zu stellen als man ist, sich das eigene Wissen mittels einer Kleinen Anfrage von der Staatsregierung bestätigen zu lassen und anschließend die Öffentlichkeit zu informieren. Also fragte ich wieder einmal die Staatsregierung: »Welche Erkenntnisse hat die Staatsregierung über Doppelmitgliedschaften von Personen in ›Sturm 34‹ und der NPD, über die Einflussnahme von NPD-Funktionären auf den ›Sturm 34‹ und eine eventuelle informelle Führungsrolle von NPD-Funktionären bezüglich des ›Sturm 34‹? Welche Erkenntnisse hat die Staatsregierung über Art und Umfang einer materiellen Unterstützung des ›Sturm 34‹ durch aktuelle oder ehemalige NPD-Funktionäre?«

Die Staatsregierung gab knapp – und offenkundig unwillig – eine Antwort auf zwei Fragen: »Der Staatsregierung ist bekannt, dass NPD-Mitglieder und Funktionäre gleichzeitig Mitglied in der Kameradschaft ›Sturm 34‹ waren. Nach eigenen Angaben behauptet die NPD im Internet, dass ihr Informationen vorliegen, die belegen würden, dass der ehemalige Vorsitzende des Kreisverbandes Mittweida versucht habe, mäßigend auf den mutmaßlichen Anführer von ›Sturm 34‹ einzuwirken. Es liegen weitere Erkenntnisse vor, die jedoch im Rahmen der öffentlichen Beantwortung der Anfrage aus Gründen der Geheimhaltung nicht mitgeteilt werden können …«

Ach, hätte die Staatsregierung wenigstens die Tagespresse gelesen und nicht nur die Internetveröffentlichungen der NPD ausgewertet! Dann hätte sie wissen können, dass das Gegenteil von dem richtig war, was die NPD auf ihren Seiten im »Weltnetz« behauptete. Wer die Akten des Prozesses gegen die fünf »Sturm 34«-Kader in Dresden auch nur überflogen hätte, hätte die Staatsregierung umgehend der Blauäugigkeit bezichtigt. Ich habe der Staatsregierung in diesem Zusammenhang eine Frage erspart, die auf der Hand liegt: Welches Interesse hat die Staatsregierung daran, die Verwicklung der NPD in die Aktivitäten einer kriminellen Vereinigung, bis hin zur Erteilung von Aufträgen, unter den Teppich zu kehren?

Die Zurückhaltung ist tatsächlich unverständlich. Verflechtungen zwischen der militanten Kameradschaftsszene und der NPD sind keineswegs eine neue Erscheinung oder eine neue Qualitätsstufe. In der ersten rapiden Wachstumsphase der NPD bis 1997, die den sächsischen Landesverband zum stärksten der Partei bundesweit machte, kamen die neuen Mitglieder mehrheitlich aus diesem Spektrum.

Spätestens seit den diversen Prozessen gegen die Skinheads Sächsische Schweiz sind solche Verflechtungen gerichtsnotorisch. Thomas Sattelberg, Jugendsozialarbeiter und faktischer Führer der SSS, brachte es zum persönlichen Mitarbeiter des NPD-Landtagsabgeordneten Müller und Mitglied im Landesvorstand der JN. Von ihm ist erwiesen, dass er die Tätigkeit der SSS auch nach dem Verbot fortführte. Gleiches gilt für Thomas Rackow, einen weiteren Führungskader der SSS. Natürlich ist die NPD alles andere als begeistert, wenn diese Verbindungen nach erfolgten Vereinsverboten an die Öffentlichkeit gebracht werden. Es schadet dem gewünschten Bild einer seriösen, auf parlamentarische Arbeit ausgerichteten Partei. Der neue Trend bei den »Freien Kräften«, »Organisierung ohne Organisation«, liegt also im ureigensten Interesse der NPD. Wo keine Organisation vorhanden ist, kann keine verboten werden.

Insofern erstaunt es nicht, dass das Verhältnis der NPD zur relativ neuen Struktur »Freies Netz« als durchaus herzlich bezeichnet werden kann. Begegnete die Partei diesen Kameraden zunächst noch distanziert, war das Verhältnis in der Anfangsphase stärker durch Konfrontation als durch Kooperation geprägt, so ist inzwischen eine deutliche Annäherung festzustellen. Wenn der Führer des Leipziger Ablegers des »Freien Netzes« bei der Nazi-Demonstration am 13. Februar 2009 zum Ordnertrupp gehört, dann ist dies ein Indiz dafür. Wenn einer der Köpfe des »Freien Netzes«, der Delitzscher Mike Scheffler, der NPD beitritt, zum Landtagskandidaten gewählt wird und am gleichen Tag zum Organisationsbeauftragten für den Leipziger Raum ernannt wird, ist dies ein weiteres. Mitglieder des »Freien Netzes« kandidierten bei den Kreistagswahlen 2008 auf den Listen der NPD, sie werden dort bei den Kommunalwahlen im Juni 2009 zu finden sein. Dass diese schrittweise Integration zu einer weiteren Radikalisierung der NPD führt, muss nicht gesondert erwähnt werden.

Das »Freie Netz« versteht sich als »Zusammenschluss parteiunabhängiger Aktionsgruppen aus dem Raum Mitteldeutschland«. In ihrem Selbstverständnispapier heißt es: »Wir lassen uns in keine, dieser BRD genehmen, Parteiorganisation eingliedern und stellen uns somit nicht unter die Statutfaust dieser Scheindemokratie. Dies bedeutet nicht, dass wir alles andere ablehnen und uns ausgrenzen. Im Gegenteil, wir arbeiten mit allen Aktionsgruppen des nationalen Angriffes zusammen und zwar auf den Ebenen, welche wir mit unserem politischen, dem freien, Selbstverständnis vereinbaren können.«

Angesichts dieses Selbstverständnisses kann es nur zu einem Kopfschütteln führen, wenn die Staatsregierung in ihrer Antwort auf eine Große Anfrage der Landtagsfraktion der Grünen schreibt, dass »eine überregional aktive Organisationsstruktur ›Freies Netz‹ ... nicht bekannt« sei und es sich lediglich um eine »rechtsextremistische Internetpräsenz« mit »Lokalseiten« handele. Wenn das zutrifft, wer hat dann am 3. Oktober in Geithain demonstriert? Eine Internetpräsenz mit Lokalseiten? Auch auf nochmalige Nachfrage blieb die Staatsregierung zunächst bei der Einschätzung, dass es sich beim »Freien Netz« um ein Internetportal zur Vernetzung der »Freien Kräfte« handele. Sie weigerte sich beharrlich, im »Freien Netz« eine Vernetzungsstruktur zu sehen.

Erst später in der Antwort erfolgt das überfällige Umschwenken: »Die im Netzwerk ›Freies Netz‹ verbundenen rechtsextremistischen Bestrebungen propagieren ein gemeinsames Agieren unter Beibehaltung bisheriger loser Strukturen und treten in öffentlichkeitswirksamen Aktionen regional unter häufig wechselnden Bezeichnungen wie ›Freier Widerstand‹ (Leipzig), ›Freie Kräfte‹ (Chemnitz, Dresden) oder ›Freie Nationalisten‹ (Chemnitz), aber auch anlassbezogen als ›Bürgerinitiativen‹ (z. B. ›Schöner wohnen in Schkeuditz‹) auf.« Es folgt eine Auflistung über die Zusammenarbeit zwischen Personen und Strukturen des »Freien Netzes« und der NPD. Über Konfliktlinien liegen der Staatsregierung »keine Erkenntnisse« vor. Nur in Zwickau gibt es Differenzen zur sächsischen NPD-Führung.

Im von der Staatsregierung in diesem Zusammenhang nicht erwähnten Kreis Mittelsachsen, zu dem auch der ehemalige Kreis Mittweida gehört, hat es ein mutmaßlich führender Vertreter des »Freien Netzes« bereits zur Nominierung als Direktkandidat bei der NPD geschafft. In der Berichterstattung der lokalen Freien Presse zur Kandidatenaufstellung der NPD wird dieser Wilko Winkler als »30-jähriger amtierender Kreisvorsitzender, Kreisrat und Bankkaufmann« vorgestellt. Dass dieser derzeit Geschichtsstudent an der TU Chemnitz ist, wird nicht erwähnt. Warum? Wählt die rechte Klientel lieber Angehörige bodenständiger Berufe, aber keine Studenten? Die Zeiten, dass es unvorstellbar war, dass Nazis studieren und sich nicht ausschließlich aus den Dorfdeppen rekrutieren, sind schon lange vorbei – auch in Sachsen. Wilko Winkler ist kein Einzelfall.

Das, was die Staatsregierung als anlassbezogene »Bürgerinitiativen« wie »Schöner wohnen in Schkeuditz« bezeichnet, hat in der jüngsten Vergangenheit in Sachsen in der Regel nur das Thema »Todesstrafe für Kinderschänder« besetzt. Mit diesem emotional schwer belasteten Thema gibt es ein Bindeglied zwischen den »Freien Kräften«, der NPD und weiten Teilen der so oft beschworenen Mitte der Gesellschaft. Am Stammtisch sind die Nazis damit nicht nur diskurs-, sondern mehrheitsfähig. Die NPD wird im Landtag zum Thema aktiv, produziert entsprechende Flug- und Faltblätter und vor Ort finden Kundgebungen, Mahnwachen und Demonstrationen durch »Freie Kräfte« statt. Innerhalb kürzester Zeit füllen sich die Unterschriftenlisten. Es dominiert eine Politik der Vorurteile. Eine Ausnahme ist es in diesem Zusammenhang nicht, wenn sich »ganz normale Deutsche« den Demonstrationen der Neonazis anschließen. In extenso war dies im Herbst 2008 in Leipzig nach der Ermordung eines Mädchens zu beobachten. Es verbietet sich, von einer Unterwanderung durch Neonazis zu sprechen. Wenn identische Vorstellungen in den Köpfen herrschen, sind gemeinsame Aktionen naheliegend. Im Herbst 2008 verging in Sachsen kaum ein Wochenende ohne eine Aktion der extremen Rechten zu dieser Thematik.

Demonstrationen sind ein wesentlicher Bestandteil des Wirkens der aktionsorientierten extremen Rechten. Sie bieten die Gelegenheit, die gemeinsame Meinung zu präsentieren, Stärke und Geschlossenheit zu zeigen, mögliche Gegner einzuschüchtern. Ein prominentes Beispiel sind die regelmäßigen Demonstrationen, die der Hamburger Neonazi Christian Worch in Leipzig durchgeführt hat. Immer wieder versuchte er, mit seinen Mannen zum symbolträchtigen Völkerschlachtdenkmal zu gelangen.

Später sollte der linke Szene-Stadtteil Connewitz mit seiner Hauptstraße, der »Karli«, der Karl-Liebknecht-Straße, erobert werden. So hartnäckig wie Worch waren auch seine Gegner. Ein ums andere Mal scheiterte er am Widerstand tausender, die Konzerte veranstalteten, Kundgebungen und Gegendemonstrationen organisierten und – nicht zuletzt – die Straßen blockierten, durch die er marschieren wollte. Was Leipzig dabei von anderen Städten unterschied, war der relativ hohe Anteil so genannter normaler Bürger, die auch Aktionen mittrugen, die sie selbst nicht durchführen mochten. Die Gegner der Neonazis ließen sich nicht spalten. Es gab Straßenschlachten mit Knüppel- und Tränengaseinsätzen und es gab friedliche Blockaden. Worch kam letztlich nicht durch.

Der Widerstand hat sich gelohnt. Die Ziele der Nazis

wurden nicht erreicht. Deren Frustpotenzial wurde immer größer, die Teilnehmerzahlen sanken. Wer will schon stundenlang im Regen auf den Abmarsch warten und dann nach wenigen hundert Metern wieder umkehren müssen, weil sich die Polizei nicht in der Lage sieht, die Straßen von den Menschenmassen zu räumen? Die Anmeldungen, die bis in das Jahr 2014 bereits erfolgt waren, wurden durch Worch zurückgezogen. Beim bekannten Reiz-Reaktions-Schema hatte sich die Reaktion als nachhaltiger erwiesen. Worchs Konzept von Aufmärschen, die lange im Vorfeld bekannt sind und zu denen beide Seiten mobilisieren, ist ein Auslaufmodell. Selbst im Erfolgsfall muss der Propagandaeffekt als gering veranschlagt werden.

Worch gehört zur alten Garde der Neonazis, ist in deren Kreisen geradezu ein Fossil. Die neue Generation, zu der die Aktivisten des »Freien Netzes« gehören, greift zu neuen taktischen Vorgehensweisen, die bessere Erfolgsaussichten versprechen. Aufmärsche werden nicht mehr angemeldet, sie werden einfach durchgeführt. Die Mobilisierung erfolgt nicht mehr öffentlich, sondern konspirativ. Die besondere Qualität des sächsischen Verfassungsschutzes führt dazu, dass die Behörden vor Ort nicht vorgewarnt sind, sondern bestenfalls mit zu geringen Kräften hilflos reagieren können.

So wurden die lokalen Verantwortlichen völlig überrumpelt, als am 1. Mai 2006 Nazis mit mehreren Reisebussen nacheinander in drei ostsächsischen Städten auftauchten, jeweils eine kurze und lautstarke Demonstration durchführten und in die nächste Stadt, zur nächsten Demonstration mit der gleichen Wirkung verschwanden. Hoyerswerda,

Weißwasser und Niesky waren in jenem Jahr die Ziele. Ein Jahr später, wiederum zum 1. Mai, war das Vorgehen verfeinert worden. Erneut waren drei Städte in einer Region die Ziele. Diesmal war man auf PKWs ausgewichen, um mobiler zu sein. Die drei gewählten Städte (Rosswein, Oschatz, Riesa) gehören zu unterschiedlichen Polizeidirektionen. Die Gegenmaßnahmen fielen dem Apparat somit schwerer. In Rosswein wurde bei der »spontanen« Demonstration der örtliche alternative Jugendclub, in seiner Art eine Ausnahme in Sachsen, angegriffen. In der nächsten Stadt kam es zu vereinzelten Schlägereien mit der Polizei. Erst auf der letzten Station wurde der Zug gestoppt, wenigstens kam es zu Personalienfeststellungen der Beteiligten. Die Versicherung, es handele sich um eine spontane Demonstration, war wenig glaubwürdig, da Transparente mitgeführt wurden, die sicherlich während der Anreise gemalt worden waren. Die Aktionen waren für die Nazis ein voller Erfolg. Man hatte das System erfolgreich herausgefordert und verließ den Platz mindestens als Sieger nach Punkten. Man hatte Ideenreichtum, Konspirativität und Mobilisierungsfähigkeit unter Beweis gestellt. Zu großen Gegenaktivitäten war es nicht gekommen.

Noch wirkungsvoller sind Aktionen, die gar nicht misslingen können. Für den 30. Januar 2009, dem Jahrestag der Machtübertragung an die Nazis, waren für mehrere Städte Kundgebungen unter dem Motto »12 Minuten Freiheit gegen 64 Jahre Zensur & Unfreiheit! Gegen Geschichtsdiktat & Meinungszensur« angemeldet worden. Zwölf Minuten: als Uhrzeit war beziehungsreich die Spanne von 19:33 Uhr bis 19:45 Uhr gewählt worden. Natürlich handelte es sich um eine Provokation. Eine Provokation, die noch theoretisch überhöht wurde. Auf der Homepage des »Freien Netzes« wurde der ideologische Anspruch der Aktion verkündet: »Eine Entmystifizierung des 3. Reiches (in alle Richtungen) erachten wir als eines der wichtigsten Ziele. Erst dann kann man sowohl über negative Aspekte als auch über zahllose positive Aspekte dieses Staatssystems wirklich realistisch diskutieren.« Und das zum Jahrestag der Machtübergabe an die Nazis.

Selbstverständlich war ich froh, dass alle Versammlungsbehörden diese Veranstaltungen verboten haben. Die Verbote hatten Bestand. Die Nazis versuchten gar nicht erst, ihre Kundgebung auf dem Rechtsweg durchzusetzen. Stattdessen verkündeten sie, sie hätten von Anfang an mit einem solchen Schritt gerechnet, da das gegenwärtige System eben auf Zensur und Unfreiheit basiere und deren Thematisierung nicht zulassen könne. Nur diesen Nachweis habe man führen wollen. Wären die Aktionen wider Erwarten nicht untersagt worden, hätten die »Freien Kräfte« sie natürlich durchgeführt. Man hatte sich auch ohne Aktion und ohne großen Aufwand ins Gespräch gebracht. Die Auseinandersetzung hätte also mit einem Sieg der Neonazis des »Freien Netzes« geendet, wenn nicht in einigen Orten trotzdem die geplanten Gegenaktionen durchgeführt worden wären. Wenigstens die Bilder des Tages konnten auf diese Weise nicht von der extremen Rechten geprägt werden.

Vereinzelte Siege wie die über Worch in Leipzig können nicht darüber hinwegtäuschen, dass die Nachhaltigkeit der Arbeit fehlt, dass noch kein Mittel gefunden worden ist, der neuen Taktik der Neonaziszene zu begegnen. Sogar Erfolge erweisen sich gelegentlich umgehend als Bumerang. Als im Dezember 2007 im ostsächsischen Bautzen eine Demonstration zur Unterstützung der Holocaustleugner durchgeführt werden sollte, wurde diese verboten und das Verbot hatte vor Gericht Bestand. Die geplanten Gegenaktionen – vom Bürgerfest auf dem Marktplatz bis hin zur Demonstration – wurden trotzdem durchgeführt. Die Neonazis tauchten zwar in nennenswerter Zahl am vorgesehenen Ort des Geschehens auf, waren aber schnell wieder verschwunden.

In Bautzen wurde Entwarnung gegeben. Es passierte auch tatsächlich nichts mehr. Dafür tauchten die aus Bautzen abgereisten Neonazis in einer Stärke von mehr als 200 Personen in dem rund eine Autostunde entfernten Mittweida auf, formierten sich zu Marschblöcken und führten ihren Aufmarsch dort durch. Die Straßen waren frei, die Gehwege weit stärker als normal gefüllt. Die Menschen drängten sich, um die traditionelle Bergparade mit den dazugehörigen Blaskapellen betrachten zu können, die eine halbe Stunde nach dem Abmarsch der Neonazis genau über jene Strecke führen sollen, die diese jetzt nahmen. Die Polizei war lediglich in ausreichender Stärke zur Regelung des Verkehrs anwesend. Bevor die Verstärkung aus Chemnitz eingetroffen war, waren die Neonazis schon längst wieder in unterschiedliche Richtungen verschwunden. Bereits einen Tag nach der Aktion kursierte bereits ein Film dazu im Internet.

Neue Taktik, neuer Stil, neues Outfit. Auch wenn in der Szene heftig um die »Autonomen Nationalisten« debattiert wird, deren Ansatz alles andere als unumstritten ist, setzt er sich unabhängig von der Position der Meinungsführer des Lagers immer stärker durch. Als in der Kleinstadt Colditz im Muldentalkreis im Februar 2008 ein Elektrogeschäft zertrümmert wurde, weil sich dessen Inhaber mit seiner Familie im Ort gegen die dortige Neonaziszene engagiert hatte, waren die an dieser Aktion beteiligten rund hundert Personen überraschend in die Kleinstadt einmarschiert, hatten sich gemeinsam vor dem Geschäft und dem benachbarten Döner-Imbiss aufgebaut, ihren Angriff gestartet und waren dann ebenso schnell verschwunden wie sie gekommen waren.

Der Bürgermeister des Städtchens erzählte mir am folgenden Tag, er habe die Angreifer vor dem Überfall gesehen, von deren Aussehen her aber geglaubt, es habe sich um »meine Leute« gehandelt. Dass die Neonazis von heute nur noch in Ausnahmefällen dem Klischee von gestern entsprechen, hat sich noch nicht bis in die Provinz herumgesprochen.

Die früher dominierenden Glatzen erwiesen sich dementsprechend beim alljährlichen »Trauermarsch« der Jungen Landsmannschaft Ostdeutschland in Dresden in diesem Jahr als Auslaufmodell. Weder am Vorabend, bei der kleineren Demonstration der Kameradschaftsszene, noch am Samstag beim NPD-dominierten Aufmarsch spielten sie eine Rolle. Man hätte an diesem Tag Lehrfilme für die Bereiche Polizei, Justiz, Bildung sowie Jugend- und Sozialarbeit drehen sollen. Der Blick auf das Outfit der braunen Horden wäre hervorragend gewesen. Im Unterscheid zu linken Demonstrationen gab es noch nicht einmal im Ansatz so etwas wie eine einschließende Begleitung durch die Polizei. Die Neonazis hatten, im Gegensatz zu den Bürgern der Stadt und den Antifaschisten, volle Bewegungsfreiheit.

»Die Revolution in Deutschland wird von Borna ausgehen!«

Wenn es um Diskurse und theoretisch-programmatisches Arbeiten geht, träumt einer in Sachsen von seiner »Dresdner Schule«. Jürgen Werner Gansel sieht sich selbst gern als den großen Chefideologen. In regelmäßigen Abständen veröffentlicht er in der Deutschen Stimme längere Aufsätze grundsätzlicher Ausrichtung. Bei so manchem Artikel seinerseits höre ich schnell wieder auf zu lesen. Die Wiederholungsquote ist einfach zu hoch. Irgendwie stand das jeweils so oder so ähnlich bereits in seinem letzten Artikel. Aber wahrscheinlich muss er einiges mehrfach wiederholen, damit es von der Zielgruppe verstanden wird.

Eigentlich war es Gansels anspruchsvolles Vorhaben gewesen, mit seiner »Dresdner Schule« ein rechtes Pendant zur linken »Frankfurter Schule« ins Leben zu rufen. Doch es blieb bei der Absichtserklärung. Die »Dresdner Schule« ist ein virtuelles Unternehmen. Aktuell findet sich im »Weltnetz« nur noch Gansels Erklärung zum »Wesen und Wollen der ›Dresdner Schule‹ ... Frankfurt war gestern, Dresden ist heute – Denk- und Politikschule einer selbstbewußten Nation« vom Mai 2005.

Gansels Vorhaben wird wohl ein Traum bleiben. Doch was in der Landeshauptstadt Dresden bisher misslungen ist, wird weitab in der Provinz, in der Kleinstadt Borna, klammheimlich verwirklicht. Gansel spielt keine Rolle dabei. Seine Partei dagegen ist in die Geschehnisse vor Ort involviert. In Borna entsteht um den Verein »Gedächtnisstätte e.V.« ein Nazizentrum neuen Typs.

In den letzten Jahren hat sich dort eine Entwicklung vollzogen, die einen Beteiligten, einen ehemaligen U-Boot-Kommandanten während des II. Weltkrieges, zu dem Ausruf veranlasste: »Die Revolution in Deutschland wird von Borna ausgehen!« Es ist die Geschichte dieses Vereinsdomizils, die veranschaulichen soll, auf welche Weise neofaschistische Ideologie entwickelt und verbreitet wird.

Im August 2008 platzte in Borna ein Mann mittleren Alters fast vor Stolz aus allen Nähten, als er, dezent einen Schritt im Hintergrund, in unmittelbarer Nähe seiner ganz in rot gekleideten Chefin stand, die am Mikro die fast 200 Gäste auf ihrem Anwesen begrüßte. Knapp drei Jahre zuvor hatte er weniger Grund zum Strahlen gehabt. Damals suchte der studierte Militärhistoriker dringend einen neuen Job. Sein bisheriger Chef, der Bundestagsabgeordnete Martin Hohmann, war erst nach einer antisemitischen Rede aus der CDU ausgeschlossen worden und dann in seinem bisherigen Wahlkreis Fulda nicht erneut nominiert worden. Erwartungsgemäß scheiterte er bei der Bundestagswahl im Herbst 2005 mit seiner Kandidatur als unabhängiger Kandidat.

Peter Hild war arbeitslos. Und wer nimmt schon einen Militärhistoriker, der zwar ein Bundesverdienstkreuz, jedoch keinerlei Berufserfahrung vorweisen kann? Sein bisheriger Arbeitgeber konnte wohl kaum als positive Referenz gelten. Wie so oft halfen auch hier Beziehungen. Sein vormaliger Chef Martin Hohmann hatte umfangreiche Schützenhilfe von rechts und ganz rechts erhalten. Zu denen, die ihm zur Seite gesprungen waren, gehörte auch der emeritierte Professor der Betriebswirtschaft Bernhard Bellinger. Zu diesem Zweck hatte er im Kolb-Verlag den Band »Wir Deutsche sind kein ›Tätervolk‹ – Solidarität mit Martin Hohmann MdB« veröffentlicht. Man kannte sich also.

Da traf es sich gut, dass bei Bellinger Ursula Haverbeck-Wetzel, Gründerin und langjährige Vorsitzende des »Vereins Gedächtnisstätte e.V.«, nachfragte, ob er nicht eine geeignete Person als wissenschaftlichen Leiter für das neue Anwesen ihres Vereins kenne. Die Bekanntschaft der alten Dame und des alten Herrn ist nicht zufällig. Sie hatte 1992 den »Verein Gedächtnisstätte« ins Leben gerufen, dessen Ziel gemäß Satzung lautet: »Der Verein will eine würdige Gedächtnisstätte für die Opfer des zweiten Weltkrieges durch Bomben, Verschleppung, Vertreibung und in Gefangenenlagern einrichten. Er arbeitet mit Verbänden und Vereinen ähnlicher Zielsetzung zusammen, um ein angemessenes Denkmal mit angeschlossener Dokumentation zu errichten.«

Professor Bellinger wiederum betätigt sich nicht nur in seinem Fach, der Betriebswirtschaftslehre, sondern hat in seiner Kanzlei als Steuerberater auch noch einen »Arbeitsbereich Historische Forschung« etabliert. Als ein Forschungsergebnis präsentiert er auf seiner Homepage: »Bei den deutschen Kriegsopfern des Zweiten Weltkriegs und danach, insbesondere bei den Kriegsverbrechen der Siegermächte im Zweiten Weltkrieg und danach handelt es sich um Ereignisse, die in der deutschen Öffentlichkeit weitgehend unbekannt sind. Dies lag insbesondere daran, dass das Kriegs- und Besatzungsrecht der Alliierten von 1945 bis 1990 weitgehend deutsche wissenschaftliche Forschungen auf dem Gebiet solcher Kriegsverbrechen verhinderte.« Die Positionen ähneln sich. Es handelt sich um die angestrebte Revision des Geschichtsbildes, um die Umdeutung der Deutschen von Tätern zu Opfern. Deshalb antwortete der Professor der »sehr verehrte(n), liebe(n) Frau Haverbeck« am 23. September 2005, dass ihm als Mitarbeiter an erster Stelle Herr Peter Hild einfalle. Dessen Adresse in Potsdam und der »Fernruf« folgen unmittelbar.

Und so stand Peter Hild nun am 9. August 2008 in Borna, wo in der Röthaer Straße der »Verein Gedächtnisstätte e.V.« nach langer vergeblicher Suche nach geeigneten Räumlichkeiten und immer neuen Widrigkeiten endlich sein Domizil gefunden hatte. Er war angetreten, einen der Seinen zu ehren. Hajo Herrmann, ehemaliger Vertrauter Hermann Görings und in der Nazi-Zeit zuletzt Inspekteur der Luftverteidigung des Reiches, feierte seinen 95. Geburtstag. Der rüstige Greis arbeitet noch heute als Rechtsanwalt in Düsseldorf. Immer wieder verteidigt er Holocaust-Leugner und Neonazis. Bei den extremen Rechten aller Couleur gilt er als Ikone. Die »Gesellschaft für freie Publizistik«, eine wichtige überparteiliche Organisation der extremen Rechten, verlieh ihm im April 2004 ihren Hutten-Preis. Die NPD lud ihn immer wieder als Redner, ebenso willkommen ist er bei Burschenschaften. Zuletzt hatte er einen umjubelten Auftritt bei der Neonazi-Demonstration zum Jahrestag der Bombardierung Dresdens.

Sein Erinnerungsband »Bewegtes Leben. Kampf- und Jagdflieger 1935-1945« erschien 2007 in zweiter Auflage im Universitäts-Verlag des rechten Verlegers Herbert Fleißner, der wiederum im Jahr 2008 den Hutten-Preis der besagten »Gesellschaft für freie Publizistik« entgegennehmen konnte.

Man begegnet sich in diesen Kreisen immer wieder. So war der Jubilar Hajo Herrmann nicht nur am 23. Mai 1992 einer der elf Gründer des »Vereins Gedächtnisstätte« und kennt als Mitglied Peter Hild, sondern er, dem im Oktober 1940 das Ritterkreuz zum Eisernen Kreuz mit Eichenlaub und Schwertern verliehen wurde, ist selbstverständlich auch Mitglied der »Ordensgemeinschaft der Ritterkreuzträger des Eisernen Kreuzes e.V.«. Dessen Mitglied wiederum ist Peter Hild ebenfalls. Erstaunlich für jemanden, der im Jahr 1971 geboren wurde und den II. Weltkrieg nur aus Büchern, Filmen und vom Hörensagen kennen kann. Trotzdem weist ihn das Mitgliederverzeichnis des Verbandes (Stand: 31. August 1998) als Vollmitglied aus. Er gehört zum »Förderkreis der Tradition des Eisernen Kreuzes«.

Es ist ein Traditionsverständnis spezieller Art, für das der junge Militärhistoriker steht. Betätigte sich Hild zunächst für den Volksbund Deutsche Kriegsgräberfürsorge und erhielt »für seine überragenden Verdienste auf dem Gebiet der Kriegsgräberfürsorge« den Verdienstorden der Bundesrepublik, so radikalisierte er sich schnell. Ende 1997 schrieb er für die rechte Wochenzeitung Junge Freiheit, 1998 folgten Beiträge in den einschlägigen Zeitschriften Soldat im Volk, Deutsche Militärzeitschrift und nicht zuletzt im Freiwilligen, dem Organ der HIAG, dem Verband der ehemaligen Angehörigen der Waffen-SS. Im gleichen Jahr sprach er in Koblenz beim Jahrestreffen der »Ordensgemeinschaft der Ritterkreuzträger«.

Hild macht keinen Hehl aus seinen Positionen. Über den von ihm verehrten Ritterkreuzträger schreibt er: »Jenen unter diesen, die ihre Knochen in der Pflichterfüllung für ihr

Vaterland hinboten, vielfach verwundet und gefallen sind oder als Überlebende des Infernos Vorbildhaftes bei der Wiedererstehung der drei deutschen Nachkriegsstaaten leisteten (in Militär, Politik, Wirtschaft und Kultur), die sich auch versöhnungsbereit gegenüber dem früheren Gegner zeigten und den Frieden in unserem Vaterland aktiv gestalteten, gehört unsere aufrichtige Hochachtung.« So Hild in einem Beitrag zum fünfzigjährigen Bestehen der »Ordensgemeinschaft der Ritterkreuzträger« in Das Ritterkreuz. Erst 1954 konnte der Verband gegründet werden. Bis dahin waren in der alten Bundesrepublik militaristische Organisationen durch die Alliierten untersagt.

Folgen wir Hild, so ging es im Zweiten Weltkrieg um das »Vaterland« und nicht um die Expansionsgelüste der Nazis. Verräterisch der Ausdruck von den »drei deutschen Nachkriegsstaaten«. Ja, auch Österreich ist für ihn – wie für die gesamte extreme Rechte – Teil Deutschlands. Als »Leistung« würdigt er ausdrücklich, wenn sich jene, die für ihre Teilnahme und besonderen Tatendrang bei den Überfällen auf andere Länder ausgezeichnet worden waren, »versöhnungsbereit gegenüber dem früheren Gegner zeigten«. Ist nicht vielmehr Versöhnungsbereitschaft eine edle Geste bei jenen, denen Unrecht geschehen ist? Für ihn ist die Mitgliedschaft im Traditionsverband »eine höhere Ehre als die seinerzeitige Auszeichnung mit dem Bundesverdienstkreuz durch unseren Bundespräsidenten«. Deutlicher kann man die eigene politische Position nicht zum Ausdruck bringen.

Im HIAG-Organ Der Freiwillige schreibt er über die Ausstellung des Reemtsma-Instituts zu Verbrechen der Nazi-Wehrmacht im Osten, diese verfolge »hintergründige und dunkle Absichten«. »In 15 Städten wurde die Ausstellung protegiert und heuchlerische Politiker aller Richtungen hofieren den linken Agitprop«, urteilt er und schreibt weiter: »Unrecht wird zu Recht und Manipulationen werden betrieben. Wahrheit, die nicht in das Konzept von Hass und Verleumdung gegen deutsche Soldaten – gleich welcher Generation – passt, wird unterdrückt.« Die Ausstellung, so fasst er zusammen, verstoße gegen Artikel 1 des Grundgesetzes sowie gegen mehrere Paragrafen des Strafgesetzbuches.

Ein Mann mit dieser Einstellung, so erkannte Ursula Haverbeck schnell, war geeignet, um als »wissenschaftlicher Leiter« der geplanten »Gedächtnisstätte« in Borna zu agieren. Zwar war Haverbeck seit der Mitgliederversammlung des Vereins 2003 nicht mehr dessen Vorsitzende, sondern fungierte lediglich noch als stellvertretende Kassenprüferin, doch war ihr Einfluss offenbar ungebrochen. Peter Hild bekam seine Anstellung.

Dieser Verein wurde vom sächsischen Innenminister lange Zeit nicht als zur extremen Rechten gehörig eingestuft. Auf die Frage, ob es sich beim »Verein Gedächtnisstätte e.V.« um eine »rechtsextremistische Organisation« handele, antwortete Sachsens Innenminister am 20. März 2007 lapidar mit »Nein«. Inzwischen hat Innenminister Buttolo seine Auffassung in der Antwort auf eine Große Anfrage der Grünen zum Rechtsextremismus zwar revidiert, doch er hätte dies bereits im März 2007 wissen können. An seiner Einschätzung hätten ihm nämlich bereits beim Blick auf die Gründungsmitglieder starke Zweifel kommen müssen.

Neben Haverbeck-Wetzel und Herrmann taucht dort

auch das Ehepaar Ursula und Uwe Stolle auf. Beide sind alte Bekannte aus der rechtsextremen Szene. Der Diplom-Kaufmann Uwe Stolle (Nienburg) war Vorsitzender des im Juli 1962 verbotenen Bundes Vaterländischer Jugend. Beide können auf eine lange Tätigkeit für die revanchistische »Gemeinschaft Deutscher Osten« (GDO) zurückblicken, die vom Fortbestand des Deutschen Reiches ausgeht. Seit dem Ausschluss von Ursula und Uwe Stolle aus der GDO, die beiden waren zu diesem Zeitpunkt Schriftführerin beziehungsweise stellvertretender Präsident der »Nationalversammlung des Deutschen Ostens« (NDO), einer Art selbsternannter Exilregierung der ehemaligen deutschen Ostgebiete, gibt es diese gleich zweifach. Die Nienburger GDO wird von Uwe Stolle als Vorsitzendem und Ursula Stolle als Geschäftsführerin geleitet. Für ihren Verein warb die Stolle-GDO sogar mit einer Beilage in der Deutschen Stimme. In deren damaliger Wochenzeitung, den Deutschen Nachrichten, suchte Uwe Stolle 1971 nach Zeugen für eine Auseinandersetzung mit der Polizei in Helmstedt. Stolle hatte dort am 17. Juni 1971 an einer Versammlung der neofaschistischen »Aktion Widerstand« (deren Parolen unter anderem lauteten: »Willy Brandt – an die Wand« und »Fegt ihn weg, den roten Dreck«) teilnehmen wollen, die an der Grenze zur damaligen DDR stattfinden sollte. Die Kundgebung war jedoch zwischenzeitlich verboten worden.

Ursula Stolle wiederum fungiert noch heute als Kontaktperson für die Heimatgruppe Niederschlesien e.V. im CDU-nahen Bund der Vertriebenen (BdV) im Kreis Nienburg in Niedersachsen. Es ist durchaus typisch für den gesamten »Verein Gedächtnisstätte«, dass sich die Mitglieder zugleich in radikaleren Gruppierungen am rechten Rand des Vertriebenenspektrums betätigen wie auch in der gemäßigteren Großorganisation »Bund der Vertriebenen« selbst.

Die Verkörperung dieses politischen Spagats, mit dem der »Bund der Vertriebenen« weiter nach rechts gedrückt werden soll, ist der ehemalige Dozent an der Technischen Hochschule Ilmenau und frühere Volkskammerabgeordnete Dr. Paul Latussek, der es im Bund der Vertriebenen bis zum Vizepräsidenten und zum Landesvorsitzenden Thüringen gebracht hatte. Noch heute ist er in diesem Bundesland Landesvorsitzender der Landsmannschaft Schlesien. Dies obwohl er wiederholt für zahlreiche Zeitschriften der extremen Rechten schrieb und bei verschiedenen Organisationen dieses Spektrums als Referent auftrat.

Zu einem ersten großen Eklat um ihn kam es im Jahr 2000. Er hatte am 16. Mai im Thüringer Landtag ein Flugblatt mit dem Titel »Was jeder Deutsche wissen sollte« verteilt. Darin beklagte er unter anderem eine »willkürliche Verschiebung der deutschen Ostgrenze an die Oder und Neiße«, weil dies einen »Gebietsverlust des Gebietes des Deutschen Reiches« bedeutet habe. Außerdem warf er Polen und Tschechien eine »Misshandlung von Kindern und Jugendlichen bei der Zwangspolnisierung und Zwangstschechisierung« vor und schrieb vom »Völkermord an den ostdeutschen Stämmen«. Vom Flugblatt, das nach dem Empfinden der allermeisten Abgeordneten einen »deutschtümelnden und geschichtsverfälschenden« Inhalt hatte, wollte sich Latussek nicht distanzieren. Bei einer Tagung des BdV in Arnstadt am 9. November 2001 schließlich sprach er gegenüber Journalisten von den »Lügen« bezüglich Auschwitz und führte wörtlich aus: »In Auschwitz gab es offensichtlich keine 6 Millionen Opfer, sondern, wie ich in Polen erfahren habe, sind 930.000 nachgewiesen. Dabei geht es nicht um die Relativierung des Verbrechens, sondern um die geschichtliche Wahrheit.« Die Folge war eine Verurteilung wegen Volksverhetzung.

Das Ehepaar Stolle hat engen Kontakt zu dem Österreicher Raimund Bachmann, der seit mehreren Jahren auf dem Schloss Noschkowitz bei Waldheim ansässig ist. Bachmann, ehemaliger Landesschatzmeister der NDP, der inzwischen verbotenen österreichischen Schwesterpartei der NPD, soll nach Aussagen von Fachleuten seither seine Räume wiederholt für Treffen von Alt- und Neonazis, so der Heimattreuen Deutschen Jugend (HDJ) oder der neuheidnischen Artgemeinschaft des stellvertretenden NPD-Vorsitzenden Jürgen Rieger, zur Verfügung gestellt haben. Ursprünglich war einmal angedacht gewesen, die heute in Borna bestehende »Gedächtnisstätte« auf seinem Schloss anzusiedeln, doch die Verhandlungen dazu zerschlugen sich, da der Schlossherr selbst seinen Gesinnungskameraden zu windig erschien. Besonders der Solinger Bauunternehmer Günter Kissel, eine wichtige Person im Bereich der extremen Rechten und der Holocaustleugner, riet nach einem Besuch auf Schloss Noschkowitz dringend von einer Zusammenarbeit ab. Kissel selbst ist seit 2003 Vorstandsmitglied des »Vereins Gedächtnisstätte«.

Währenddessen schied ein Gründungsmitglied des Vereins zu diesem Zeitpunkt aus dem Gremium aus. Theodor Schmidt-Kaler ist emeritierter Professor der Astronomie und lehrte an der Universität Bochum. Außerhalb der Fachöffentlichkeit wurde er 1981 als einer der Erstunterzeichner des rassistischen »Heidelberger Manifests« bundesweit bekannt, das für die Argumentation der extremen Rechten gegen Einwanderer eine zentrale Stellung erhalten sollte und deren bisherige eher plumpe und offen biologistische Form durch eine wissenschaftliche Ausdrucksweise zu ersetzen suchte. Neben einer Reihe weiterer Professoren gehörte auch Werner Georg Haverbeck, der inzwischen verstorbene Mann Ursula Haverbeck-Wetzels, zu den Unterzeichnern des »Heidelberger Manifests«. Auch hier reicht die Bekanntschaft also lange zurück.

Aus diesem Aufruf ging ein Verein hervor, der »Schutzbund für das deutsche Volk« (SDV) mit Sitz in München. Dort spielt Schmidt-Kaler ebenfalls eine zentrale Rolle. So sprach er 2006 in Fulda bei der Jubiläumsveranstaltung dieser Gruppierung zum 25jährigen Bestehen. Schmidt-Kaler rief in seiner Rede auch zur Unterstützung des Vereins »Gedächtnisstätte« im Borna auf. Der SDV, der »Rückführung statt Einwanderung« und ein »Repatriierungsgesetz« für in der Bundesrepublik lebende Ausländer fordert, hat nach eigenen Angaben rund 1.000 Mitglieder und Interessenten. In den vergangenen 25 Jahren will er etwa 4,5 Millionen Flugschriften und Rundbriefe verbreitet haben. Die aktuelle Vorsitzende des Vereins, Heilwig Holland, ein ehemaliges Landesvorstandsmitglied der REPublikaner in Baden-Württemberg, erklärte bei der diesjährigen Jahreshauptversammlung in Ulm: »Mein Besuch der Gedenkstätte Borna und meine Teilnahme am sehr beeindruckenden Trauermarsch (10.000 meist junge Teilnehmer) anlässlich der Zerstörung Dresdens vor 63 Jahren gaben hinreichend

Gelegenheit, das deutschfeindliche Treiben der Presse zu beobachten.«

Dies mag zur Charakterisierung jener, die die Gruppe mit dem unverfänglichen Namen »Verein Gedächtnisstätte« gegründet haben und leiten, sowie ihres Umfeldes, genügen. Je intensiver man gräbt, auf desto mehr Namen mit Rang und Klang in der extremen Rechten stößt man. Man gewinnt den Eindruck eines Spinnennetzes, dessen Zentrum in Borna angesiedelt ist.

Einige wenige Namen sollen dem Unternehmen einen seriösen Anstrich geben. So wird der Verein inzwischen durch das FDP-Mitglied Alexander von Stahl, den ehemaligen Generalbundesanwalt, juristisch vertreten. Als weiteres Vorstandsmitglied fungiert seit 2003 Dr. Albrecht Jebens, der langjährige Geschäftsführer des CDU-nahen Studienzentrums Weikersheim (1982–1997). Seine politischen Betätigungsfelder findet er nunmehr im Bereich der Vertriebenenorganisationen und der offenen extremen Rechten. Von 1998 bis 2000 arbeitete er als Geschäftsführer der Stiftung Ostdeutscher Kulturrat in Bonn und 2000/2001 als Geschäftsführer der Ost- und Westpreußenstiftung in Oberschleißheim. Von 2001 bis 2004 war er Vorsitzender der Hans-Filbinger-Stiftung und ist seit 2002 zweiter Vorsitzender des Preußeninstituts. Er war Vorstandsmitglied der neofaschistischen »Gesellschaft für Freie Publizistik« und im Vorstand der ebenso ausgerichteten »Deutschen Studiengemeinschaft«. Es ist also wirklich nur ein seriöser Anschein, den Personen wie er dem »Verein Gedächtnisstätte« verleihen können.

Das Areal gehörte bis 2005 der Lausitzer und Mitteldeutschen Bergbau-Verwaltungsgesellschaft mbH und ging im Zuge einer Versteigerung Anfang 2005 für 90000 Euro in den Besitz des Meerbuscher Architekten Dr. Ludwig Limmer, seiner Ehefrau, der Schauspielerin Gisela Limmer von Massow, und ihres Sohnes Dr. Hans Christian Limmer, Inhaber einer Franchise-Kette von Bäckereien (»Backwerk«), über.

Angeblich sollte dort eine Begegnungsstätte für Russlanddeutsche errichtet werden. Dafür sollten, so die damalige Aussage, 250000 Euro investiert werden, die angeblich von Vertriebenen – zum Teil in Übersee lebend – stammten. Die Monatszeitschrift Volk auf dem Weg, Organ der Landsmannschaft der Deutschen aus Russland, einer Gliederung des BdV, berichtete in der Dezember-Ausgabe 2005 über die erste Veranstaltung in der Gedächtnisstätte: »Zwei Tage lang flatterte die Fahne der Landsmannschaft der Deutschen aus Russland neben der sächsischen auf einem Mast im Hof des ehemaliges Gebäudes der Lausitzer und Mitteldeutschen Bergbau-Verwaltungsgesellschaft in Borna, einer Kreisstadt in der Nähe von Leipzig. Engagierte Deutsche aus Russland und aus Pommern, aus dem ganzen Bundesgebiet kamen dort am letzten Oktober-Wochenende zu einem Kulturforum zusammen. Die Gastgeber Gisela und Ludwig Limmer aus Düsseldorf hatten es möglich gemacht. Das Ehepaar erwarb und sanierte das stattliche Haus, in dem nun auf 200 qm mietfrei eine Begegnungsstätte für Deutsche aus Russland entstehen soll. Für das erste Treffen, das überwiegend Vertreter der Landsmannschaft und anderer russlanddeutscher Vereine sowie russlanddeutsche Künstler, Musiker, Autoren und Geschäftsleute versammelte, waren schon im

Vorfeld über 100 Anmeldungen eingegangen. Die Zahl der Teilnehmer lag schließlich weit höher.«

An gleicher Stelle wird hervorgehoben: »Der Bornaer Oberbürgermeister Bernd Schröter war von der Vielfalt und Qualität der präsentierten Ausstellungen und Darbietungen tief beeindruckt: ›Hier ist etwas im Entstehen, das Borna nur gut tun kann‹, sagte er.« Der Segen der Kommunalpolitik schien also gesichert. Auch die Errichtung eines monumentalen Stahlkreuzes auf dem Areal war durch den Bauausschuss des Stadtrates bereits abgesegnet. Die Freude und die Selbstsicherheit währten nicht lange.

Im Laufe der Auseinandersetzungen vor Ort ab Anfang Dezember 2005, die durch Recherchen der Leipziger Volkszeitung hervorgerufen worden waren, räumte Ludwig Limmer schließlich ein, Mitglied im »Verein Gedächtnisstätte« zu sein. Am 6. April 2006 verstarb er. In der Todeskarte der Familie heißt es: »Ein edler Mensch ist gestorben. Er wollte Gutes tun und in Borna eine Gedächtnisstätte für wehrlose Opfer des Krieges schaffen. Aber unsichtbare Feinde und Angriffe unter dem Deckmantel der Rechtschaffenheit zehrten an seiner Kraft und haben ihm das Herz gebrochen.« Inzwischen ist Gisela Limmer die alleinige Eigentümerin. Ihr Sohn hat sich zumindest offiziell zurückgezogen. Die Furcht vor wirtschaftlichen Nachteilen dürfte, so ist zu vermuten, dabei maßgeblich gewesen sein.

Doch zurück zu der Geburtstagsfeier. Frank Rennicke, der berühmt-berüchtigte Nazi-Barde, am 9. November 2003 im »Collegium Humanum« in Vlotho Mitbegründer des »Vereins zur Rehabilitierung des wegen Bestreitens des Holocaust Verfolgten«, gestaltete bei der Geburtstagsfeier Herrmanns den Hauptteil dessen, was bei der extremen Rechten als Kultur bezeichnet wird. Wem das noch nicht schlimm genug war, der durfte sich anschließend die Volksliedgesänge der Neonazis des »Freien Netzes« anhören, wie diese nicht ohne Stolz berichteten. Noch stolzer allerdings waren diese Neonazis, die leicht die Urgroßsöhne des Jubilars hätten sein können, darüber, dass sie als eine Art Ehrengarde für den überaus rüstigen Greis dienen durften. Auf den ersten Blick hätten sie für uniformiert gehalten werden können, angetreten in weißem Hemd und schwarzer Hose. Der zweite Blick offenbarte, dass wohl noch Lernbedarf bestand. Zwei Kerle aus dem braunen Dutzend waren doch glatt in Turnschuhen angetreten. Noch dazu in Turnschuhen einer amerikanischen Marke, vielleicht sogar hergestellt in einem asiatischen Billiglohnland. Da hätten sie doch gleich in Jeans (im Nazijargon: »Nietenhosen«) aufmarschieren können.

Sie waren jedoch nur das mehr oder weniger schmückende Beiwerk der Feierlichkeiten. Wichtiger war die Prominenz, die sich in Borna eingefunden hatte. An erster Stelle die Initiatorin des Vereins, Ursula Haverbeck-Wetzel. Gemeinsam mit ihrem Mann stand sie lange Jahre an der Spitze des Weltbundes zum Schutze des Lebens (WSL) und dessen 1963 gegründeter Heimvolkshochschule, dem »Collegium Humanum« in Vlotho, wo sie bis zum 7. Mai 2008 das Amt der stellvertretenden Vorsitzenden ausübte. Der inzwischen aufgelöste WSL war über Jahre die größte und einflussreichste Umweltschutzorganisation der Bundesrepublik. Der 1999 verstorbene Haverbeck wäre eine »Zierde« der Gästeliste gewesen. Seit 1929 hatte er der Reichsleitung des NS-Studentenbundes angehört, seit 1931 der Reichsleitung der NSDAP. 1933 wurde er Gründer und Leiter des »Reichsbundes Volkstum und Heimat«. Der SS-Untersturmführer Haverbeck, der als Protegé von Rudolf Hess galt, war ab 1942 für die Rundfunkpropaganda der Nazis in Südamerika zuständig.

Ursula Haverbeck-Wetzel arbeitet in seinem Sinne weiter. Das von ihr fortgeführte »Collegium Humanum« diente als Treffpunkt sowohl für Seminare der intellektuellen europäischen »Neuen« Rechten oder die Lesertreffen des rechten esoterischen Verlags »Zeitenwende« (Dresden) wie auch für die NPD und Neonazi-Kameradschaften, zur Durchführung sowohl von Skinhead-Konzerten wie auch von Auftritten rechter Liedermacher. In den letzten Jahren verlagerten sich ihre Aktivitäten zunehmend in den Bereich der Holocaust-Leugnung. So unternahm sie am 30. Juli 2003 eine gemeinsame Fahrt mit einer Gruppe von Holocaust-Leugnern zur Wartburg, wo sie eine Aktion durchführten. Diese sollte ursprünglich im KZ Auschwitz stattfinden, was wegen polizeilicher Maßnahmen misslang. Das Ausweichziel, das KZ Buchenwald bei Weimar, wurde von der Polizei abgesperrt. Es blieb die ebenfalls symbolträchtige Wartburg.

Für den 19. August 2003 erhielt Haverbeck-Wetzel in Zusammenhang mit einer geplanten Selbstanzeigekampagne von Holocaust-Leugnern, die Horst Mahler initiiert hatte, gemeinsam mit diesem, Udo Walendy, Hajo Herrmann und dem Ehepaar Limmer eine Einladung in die Privatwohnung von Günther Kissel, um das weitere Vorgehen bei dieser Kampagne zu beraten. Im November 2003 war sie Initiatorin des »Vereins zur Rehabilitierung der wegen Bestreitens des Holocausts Verfolgten« (VRBHV). Am 18. Juni 2004 wurde sie wegen revisionistischer Äußerungen durch das Amtsgericht Bad Oeynhausen zu einer Geldstrafe von 3.600 Euro verurteilt. Gegen das Urteil legte sie erfolglos Berufung ein. Im August 2004 war sie dann Rednerin beim Rudolf Hess-Gedenkmarsch in Wunsiedel.

Beide von ihr geleiteten Vereine sind im Mai 2008 vom Bundesinnenminister ebenso verboten worden wie die »Bauernhilfe e.V.«, die vorsorglich als Auffangorganisation gegründet worden war. Für den Fall eines Verbots sollte damit das Vermögen der beiden anderen Vereine vor der Beschlagnahme gerettet werden. Dies missglückte, denn die personellen Verbindungen waren zu offensichtlich.

Durch die Linksfraktion eingebracht, findet sich ein Antrag zu einer Verbotsinitiative gegen den Verein »Gedächtnisstätte e.V.« im Geschäftsgang des Sächsischen Landtages. Es geht darum, über geeignete Initiativen im Bundesrat und gegenüber der Bundesregierung darauf hinzuwirken, dass der Bundesinnenminister Maßnahmen ergreift, um den Verein als Neben- bzw. Teilorganisation des bereits verbotenen Vereins »Collegium Humanum« ebenfalls aufzulösen.

In seiner Stellungsnahme zum Antrag berichtet der Innenminister über ein Treffen am 30. Juni 2007 »von ca. 70 bis 130 Angehörigen der rechtsextremistischen Szene auf dem Gelände des ›Gedächtnisstätte e.V.‹ in Borna, um mit einer Spontandemonstration ›Gegen linke Gewalt‹ zu demonstrieren.« Weiterhin weiß der Innenminister vom Sommerfest der »Freien Kräfte« aus Leipzig und Borna am 1. September 2007 mit rund 80 Personen und von weiteren Veranstaltungen mit jeweils rund hundert Teilnehmenden am 2. und 3. Februar 2008 zu berichten.

Schließlich folgt das Altbekannte: »Es liegen weitere Erkenntnisse vor, die im Rahmen der öffentlichen Erörterung des Antrages aus Gründen der Geheimhaltung nicht mitgeteilt werden können, da sonst Rückschlüsse auf die Arbeit der Verfassungsschutzbehörde und somit darauf, wie sie ihre Informationen erhebt, gezogen werden könnten. Der Parlamentarischen Kontrollkommission wird auf deren Verlangen weitergehende Auskunft erteilt.« Dieser Kommission gehöre ich nicht an. Doch wer ihr Mitglied ist, darf mit niemand über das sprechen, was er dort erfahren hat. Der Schutz des Verfassungsschutzes hat einen höheren Wert als der Schutz der Verfassung.

Wertlos ist die zitierte Aussage trotzdem nicht. Ich kann nämlich aus ihr schlussfolgern, dass der Verein inzwischen beobachtet wird, wahrscheinlich weil sich genügend Akteure der als »rechtsextremistisch« eingestuften Szene in der »Gedächtnisstätte« tummeln, dort Räumlichkeiten zur Verfügung haben und an den Wochenenden das Objekt bewachen. Bezüglich der geforderten Verbotsinitiative lobt der Landesinnenminister den Bundesinnenminister und betont: »Gleichwohl wird der Freistaat Sachsen gegenüber dem Bundesministerium des Inneren geeignete Initiativen ergreifen, sofern Erkenntnisse im Freistaat Sachsen dies gebieten.« Das kann dauern, so wie ich unsere sächsischen Behörden kenne.

Auch Udo Voigt, der Parteivorsitzende der NPD, war zu der Geburtstagsfeier Hermanns gekommen. Winfried Petzold, Landtagsabgeordneter und Landesvorsitzender der NPD in Sachsen, hielt für seine Partei ein Grußwort. Dr. Olaf Rose, Geschichtsrevisionist und Mitarbeiter der

NPD-Fraktion im Dresdner Landtag, hielt eine Festrede. Der DVU-Vorsitzende Gerhard Frey hatte seinen Sohn, den Rechtsanwalt und geschichtsrevisionistischen Buchautor (»Polens verschwiegene Schuld«) Gerhard jun. als Vertreter der Partei geschickt. Aus Österreich war Martin Pfeiffer angereist, Chefredakteur der FPÖ-nahen Monatszeitschrift Aula, die mehrfach einen Spendenaufruf für die Gedächtnisstätte in Borna veröffentlicht hatte und nach Eigenangaben damit einen »überwältigenden Erfolg« verzeichnen konnte.

Der zum Zeitpunkt des Verbotes amtierende Vorsitzende des Vereins zur Rehabilitierung der wegen Bestreitens des Holocaust Verfolgten (VRBHV), der revisionistische Verleger und ehemalige NPD-Landesvorsitzende von NRW, Udo Walendy, war angereist. Für ihn wird die Anwesenheit Ehrensache gewesen sein, war er doch im Mai 1996 bei einem Prozess vor dem Landgericht Bielefeld wegen Volksverhetzung und Verunglimpfung des Andenkens Verstorbener in den Heften 1 und 64 seiner Broschürenreihe »Historische Tatsachen« von Hajo Hermann verteidigt worden. Erfolglos damals.

In einer Art Ehrenpflicht wird sich ebenso Dr. Rigolf Hennig gesehen haben. Der ehemalige Oberstarzt der Bundeswehr war Gründungsmitglied der REPublikaner und radikalisierte sich dann zunehmend. Die rechte Theoriezeitschrift Nation + Europa meldete 2006: »(Hennig) muss für neun Monate ins Gefängnis. Der Bundesgerichtshof wies jetzt die Revision gegen ein entsprechendes Urteil des Lüneburger Landgerichts zurück. Dem 71jährigen Hennig, der sich früher auch im Südtiroler Freiheitskampf engagiert hat, wird ›Volksverhetzung‹ und ›Verunglimpfung des

Staates‹ vorgeworfen, weil in einer von ihm herausgegebenen Schrift revisionistische Thesen und herbe Kritik an der Bundesrepublik (›Mißgeburt‹) zu lesen waren. Eine Bewährung wurde Hennig nicht zugebilligt – wegen seiner Weigerung, zu widerrufen. Der Angeklagte habe sich in der Hauptverhandlung, so das Gericht, ›uneinsichtig gezeigt‹ und bekundet, ›bis zum letzten Atemzug für die Wahrheit‹ kämpfen zu wollen. Das müsse besonders hart bestraft werden.« Wenig später, im September 2006 wurde Hennig für die NPD in den Kreistag und den Stadtrat Verden gewählt. »Uneinsichtig« zeigt er sich bis heute, dem VRBHV gehörte auch er an.

Doch ob sie nun Grußworte hielten oder lediglich anwesend waren, die meisten Gäste bildeten lediglich die Kulisse für die beiden Hauptpersonen des Abends. Es handelte sich um zwei Ausländer, die zu der Schar großdeutsch Gesinnter sprechen durften. Der eine bezieht seine Prominenz aus dem Namen des Vaters. Gerard Menuhin ist der Sohn des weltberühmten Geigenvirtuosen Yehudi Menuhin und der Primaballerina Diana Gould. Der 1948 geborene schweizerische Staatsbürger Menuhin ist Filmproduzent von Beruf. Nach dem Tod seiner Mutter Diana im Jahr 2003 äußerte er sich regelmäßig in Periodika der extremen Rechten. Dies ging bis zu dem Punkt, da er wegen etlicher als rechtsextremistisch eingestufter Äußerungen am 12. November 2005 von der Yehudi-Menuhin-Stiftung Deutschland seines Amtes als Vorsitzender enthoben wurde. Der Geschäftsführer der Stiftung, Winfried Kneip, hatte gegen ihn den Vorwurf einer »ausländerfeindlichen Haltung« erhoben. Man missbilligte »die Nennung unserer Stiftung und ihres Wirkens in einem

Medienorgan, das […] dem ›rechtsextremistischen Umfeld‹ zuzurechnen ist«. So hatte Gerard Menuhin der National-Zeitung Interviews gegeben und hatte als Autor der Kolumne »Menuhin und wie er die Welt sieht« regelmäßig seit Dezember 2004 Beiträge geschrieben. Für die DVU trat er seitdem mehrfach als Wahlkampfredner auf. Auch der NPD-Zeitung Deutsche Stimme hatte er sich für ein Interview zur Verfügung gestellt. Angesichts der jüdischen Herkunft der Familie und des humanistischen Engagements Yehudi Menuhins war das öffentliche Echo zum erzwungenen Rücktritt Gerard Menuhins im In- und Ausland beträchtlich. Wegen der ultimativen Drohung der Bank Credit Suisse als wichtige Sponsorin die Unterstützung der Stiftung einzustellen, trat Menuhin im Juni 2007 auch als Präsident der Schweizer Menuhin-Stiftung Grenchen zurück. Menuhin konterte in dem in Freys Freiheitlichem Buch- und Zeitschriften-Verlag erschienenen Buch »Die Antwort« mit der Enthüllung, dass sein Großvater, Moshe Menuhin, Publizist und Kulturphilosoph aus altem Rabbinergeschlecht, anderthalb Jahrzehnte bis zu seinem Tode 1982 Mitarbeiter der National-Zeitung und mehrere Jahre auch Leiter des kulturpolitischen Ressorts des Blattes gewesen war.

Menuhin dient der deutschen extremen Rechten als jüdischer Kronzeuge gegen den Staat Israel und gegen den Vorwurf des Antisemitismus. Seiner Ansicht nach diene der »Antisemitismus als politische Waffe«, so der Titel seines Vortrags bei der Marburger Burschenschaft Germania, gegen all jene, die in Deutschland »nationale Positionen« vertreten. In einem Umfeld von Geschichtsrevisionisten, die in den Deutschen vor allem Opfer der Geschichte sehen, sind solche Vorstellungen natürlich höchst willkommen. Wenn die Entlastung der Deutschen das gemeinsame Hauptziel von Collegium Humanum, VRBHV und Verein Gedächtnisstätte ist und wenn zugleich der industrielle Massenmord an den europäischen Juden durch Deutsche während der NS-Zeit dem nachhaltig entgegenwirkt, dann sind Juden wie Menuhin, die sich zur Entlastung zur Verfügung stellen, mehr wert als die pseudowissenschaftlichen Gutachten aus den eigenen Reihen, die immer wieder die Existenz der Gaskammern bestreiten.

Bei dem zweiten ausländischen Stargast handelte es sich um Professor Wjatscheslaw Daschitschew, den ehemaligen deutschlandpolitischen Berater des sowjetischen Staatschefs und späteren russischen Präsidenten Michaïl Gorbatschow. Er war direkt aus Schwerin angereist, wo er an der Tagung der Stiftung »Kontinent Europa« des schwedischen Unternehmers Patrik Brinkmann teilgenommen hatte, deren stellvertretender Vorsitzender er zugleich ist. Weitere Vorstandsmitglieder sind Andreas Molau, Pressesprecher der NPD-Landtagsfraktion in Mecklenburg-Vorpommern, Professor Pierre Vial (Lyon), Vorsitzender der völkischen Organisation »Terre et Peuple«, sowie Enrique Ravallo, Vorsitzender der spanischen Schwesterorganisation von »Terre et Peuple«.

Bereits als die Sowjetunion noch existierte, referierte Daschitschew mehrfach beim rechtskonservativen Studienzentrum Weikersheim. Seine offene politische Radikalisierung erfolgte nach einer Gastprofessur in München 1992. Er avancierte zum gefragten Redner im Spektrum der extremen Rechten. Besonders bei den »Erlebniswochenenden

Geschichte« des revisionistischen Sudholt-Verlags trat er immer wieder auf. Seit 2004 gehört er außerdem zum Redaktionsbeirat der Zeitschrift Deutsche Geschichte, die in diesem Verlag erscheint. 2006, zwei Jahre nachdem Hajo Herrmann diese fragwürdige Ehrung erfahren hatte, erhielt er selbst den Hutten-Preis der Gesellschaft für freie Publizistik.

Dem Auftritt Daschitschews kommt in diesen Kreisen eine ebenso große Bedeutung zu wie dem Menuhins. Erstens handelt es sich um einen veritablen Professor, zweitens um einen ehemaligen Berater Gorbatschows, dem in Deutschland zeitweise Kultstatus zukam. Drittens und nicht zuletzt ist er Russe, Angehöriger jenes Staates, von dem die extreme Rechte hofft, er möge mit Europa gemeinsam ein wirksames Gegengewicht gegen die verbliebene Supermacht USA bilden, aber auch jener Staat ist, der im Zweiten Weltkrieg die meisten Verluste durch die deutschen Nazis erleiden musste. Geht es um Freisprechung von der historischen deutschen Schuld, dann sind Personen wie Daschitschew unverzichtbar.

Hans Georg Hess hätte diese Geburtstagsfeier und Daschitschews Auftritt sicherlich gerne miterlebt. Zweifellos wäre er auch ein willkommener Gast gewesen. Erst im März 2008 hatte er sich in der Gedächtnisstätte aufgehalten und hatte bei einer Veranstaltung zum Thema »Umwidmung und Zerstörung von Soldaten-Ehrenmalen in Deutschland« gesprochen. Seine damaligen Mitreferenten waren der 2005 zu 7.500 Euro Geldstrafe wegen Verharmlosung des Holocaust verurteilte ehemalige Oberstleutnant der Bundeswehr Walter Held und der ehemalige SS-Standartenoberjunker

Gert Rittner gewesen. Doch am 4. April 2008 war für Hans Georg Hess der Weg seines irdischen Daseins endgültig zu Ende. Der ehemalige U-Boot-Kommandant und Ritterkreuzträger wurde in Wunstorf-Idensen zu Grabe getragen. Noch im Dezember 2007 hatte der promovierte Jurist Strafantrag gegen den ZDF-Journalisten Dr. Guido Knopp gestellt. Er warf diesem vor, in seiner Fernsehdokumentation »Die Wehrmacht – eine Bilanz« das Andenken Verstorbener zu verunglimpft zu haben. Auch die Tatbestände der Volksverhetzung und der Verleumdung könnten laut Hess erfüllt sein. Er gehe davon aus, dass »die Zuweisung der alleinigen Kriegsschuld des Deutschen Reiches und seines damaligen Volkes« geeignet ist, »den öffentlichen Frieden zu stören«. Der Großteil der mehreren hundert Personen zählenden Trauergemeinde bei seiner Beerdigung wird ihm darin zugestimmt haben.

Auch den Geburtstagsgästen Hajo Herrmanns dürfte er damit aus dem Herzen gesprochen haben. Am Abend der Veranstaltung im März 2008 hatte Hess, wie eingangs bereits zitiert, noch in trauter Runde beim Griechen in Borna durch das Lokal getönt: »Die Revolution in Deutschland wird von Borna ausgehen!« Sie muss nun ohne ihn stattfinden. Doch auf nicht mehr und nicht weniger hoffen jene, die Borna als Nazizentrum neuen Typs erwählt haben. Sie streben die vollständige Umwälzung der geistigen Grundlagen Nachkriegsdeutschlands an.

Peter Hild aber hat in ihren Reihen inzwischen keinen Platz mehr. Offenbar hatte es hinter den Kulissen bereits seit einiger Zeit heftigen Streit gegeben. Und wenn es Streit gibt, dann wird oft auch in aller Öffentlichkeit die schmutzige Wäsche gewaschen, die man ansonsten lieber verborgen hält. Wenn es, wie im vorliegenden Fall, dazu kommt, dass Rechtsextreme Rechtsextreme Rechtsextreme nennen und diese mit dem gleichen Vorwurf kontern, kann man wohl davon ausgehen, dass es sich auf beiden Seiten tatsächlich um Rechtsextreme handelt.

Hild sorgte zuvor vor Ort für die Außendarstellung des Vereins, sei es mit einem provokanten Auftritt beim Wahlkampfbesuch von Gregor Gysi in Borna, sei es mit Fragen bei Podiumsdiskussionen. Die »Blaue Narzisse« aus Chemnitz, ein dem neurechten »Institut für Staatspolitik« und der am rechten Rand angesiedelten Wochenzeitung Junge Freiheit nahe stehendes Internetportal, das in der Vergangenheit stets positiv über Veranstaltungen des Vereins Gedächtnisstätte berichtet hatte und auch Peter Hild bereits per Video zu Wort kommen ließ, meldete: »NPD-Funktionäre wollen anscheinend Bornaer Gedächtnisstätte übernehmen«.

Nach dieser Darstellung sei die Kassenlage des Vereins zu knapp gewesen, um Hild über das Jahresende hinaus als Festangestellten zu beschäftigen. Er selbst sei bereit gewesen, weiterhin ehrenamtlich tätig zu sein. Daran hatte der Verein offenbar kein Interesse. Stattdessen soll Hild mit einem Hausverbot belegt und mit sofortiger Wirkung von seinen Aufgaben entbunden worden sein. In einer »Erklärung in eigener Sache« vom 5. November 2008 bestreitet der Geschasste diese Version der Ereignisse. Ein Hausverbot sei nicht ausgesprochen worden. Er sei ein Opfer von Intrigen: »Die Rufmörder werden sich vor der Justiz zu verantworten haben.«

Hild, der beklagt, dass bei der Räumung seines Büros auch Privatsachen entwendet worden seien, veranlasste die »Blaue Narzisse« nunmehr zur Bestätigung dessen, was er selbst und der Verein Gedächtnisstätte in der Vergangenheit stets vehement bestritten hatten, nämlich eine deutliche NPD-Nähe dieser Gruppierung. Ins Visier gerät dabei auch die Eigentümerin des Anwesens, von der behauptet wird, »diese zeige derweil wenig Berührungsängste zu den tatsächlichen Rechtsextremisten«. Wenig später ruderte Hild mit seiner per Internet verbreiteten »Erklärung« ein wenig zurück. Aber nur ein wenig. Er vermute nicht, dass die NPD eine Übernahme der »Gedächtnisstätte« betreibe. Auch habe der Verein nicht immer wieder NPD-Politiker und -Funktionäre zu Veranstaltungen eingeladen, vielmehr sei die Neonazi-Partei von Gisela Limmer, »in die Verantwortung gerufen und um Unterstützung gebeten« worden. Wie auch immer, fest steht, dass die Distanz zwischen NPD und dem Verein Gedächtnisstätte« bestenfalls eine geringe ist.

In der Tat verstärken sich vor allem die Beweise dafür, dass das bisherige Deckmäntelchen der Reputierlichkeit endgültig abgestreift worden ist. So hat der im niedersächsischen Seevetal wohnhafte Vereinsvorsitzende Wolfram Schiedewitz unlängst der Theoriezeitschrift hier & jetzt (Eigenwerbung: »radikal rechte Zeitung«) der NPD-Jugendorganisation Junge Nationaldemokraten ein Interview gegeben. Darin wiederholte er nicht nur fast wortgleich die Angriffe auf meinen Mitarbeiter Volkmar Wölk, die ehemalige Landrätin Petra Köpping, die Leipziger Volkszeitung und den Landespolizeipräsidenten Bernd Merbitz, die Peter

Hild seit über einem Jahr verbreitet und wegen denen gegen ihn ermittelt wurde, sondern er betont auch ausdrücklich: »Wir ›distanzieren‹ uns von niemandem! Die gegenwärtige Pogromstimmung gegen alle, die sich zu diesem Land bekennen, machen wir nicht mit.« Und er ergänzte: »Wir sind keine NPD-Vorfeldorganisation, aber wir grenzen nicht aus, niemanden!« Den durch den Bundesinnenminister im Mai 2008 verbotenen Holocaustleugner-Verein bezeichnet Schiedewitz als Verein, »der den Verfolgten der Meinungsdiktatur zu helfen bestrebt war«. Die Bundesrepublik wird unverhohlen als »Meinungsdiktatur« diffamiert. Dieses Interview kann nur als deutliches Signal an die extreme Rechte verstanden werden, dass Gleichgesinnte in Borna ein merkwürdiges Gedenken pflegen wollen.

Ein weiteres Indiz für einen stärkeren Einfluss der NPD als in der Vergangenheit ist sicherlich darin zu sehen, dass der für die NPD in den Kreistag gewählte Gerd Fritzsche (Borsdorf) dort eine Rolle spielt. So soll dieser nach den vorliegenden Informationen bei der September-Veranstaltung des Vereins, bei der wiederum Hajo Herrmann auftreten sollte, die Führung durch Gelände und Ausstellung geleitet haben. Ihm zur Seite habe der Referent des NPD-Landesvorsitzenden gestanden. Fritzsche hatte diese Aufgabe auf Bitte von Hild selbst bereits in der Vergangenheit wahrgenommen. In Zukunft soll angeblich diese Aufgabe wieder von Vereinsmitgliedern wahrgenommen werden. Es wird sich also erweisen, ob sich die Behauptungen, die NPD wolle den Verein quasi übernehmen, als haltbar erweisen oder nicht.

Die NPD vermutet hinter der Darstellung der »Blauen

Narzisse« Insider-Informationen durch Hild. Er selbst bestreitet dies. Das ist zwar verständlich, doch wenig glaubhaft. Die Partei kontert mit dem Urteil, Hild sei ein »bemitleidenswerter Opportunist«, der von seinem »eigenen schuldhaften Versagen« ablenken wolle. Indem er den Verein und Gisela Limmer in NPD-Nähe rücke, wolle er »die langjährigen Spender der Gedächtnisstätte entfremden und diese finanziell austrocknen«. Das hätte in der Tat katastrophale Folgen für den Verein, der immer wieder hochrangige Vertreter der extremen Rechten nach Borna anzieht. Sollten sich die betuchten Spender abwenden, wäre das Projekt kaum noch zu finanzieren. Allerdings dürften sich Rechtsextreme kaum davon beeindrucken lassen, dass Hild sie als Rechtsextreme bezeichnen. Beeindruckt hat sie aber offenbar die Beschuldigung, Hild habe Spendengelder unterschlagen. Dies schreibt zwar noch nicht einmal die NPD in ihrem Pamphlet gegen Hild, doch dieser behauptet vorsorglich, nach Prüfung habe der Vorstand das nicht bestätigen können.

Die Sorgen im Umfeld des Vereins wegen der jüngsten Entwicklung scheinen allerdings erheblich zu sein. Nach Angaben Hilds seien bereits Referenten abgesprungen und Leihgeber hätten ihre Ausstellungsstücke zurückverlangt. Während er seinen bisherigen Kameraden NPD-Nähe vorwirft, schlug die NPD mit der Behauptung zurück, Hild habe in der Vergangenheit selbst keine Distanz zu dieser Partei gezeigt. So habe er sich als wissenschaftlicher Berater der NPD-Landtagsfraktion beworben, sei aber nicht eingestellt worden, da ihm »sowohl die fachliche wie auch die persönliche Eignung zu fehlen schien«. Der sich stets als

Militärhistoriker präsentierende Hild mache sich »der akademischen Hochstapelei verdächtig«, denn trotz mehr als zehnjährigen Studiums könne er kein Examen vorweisen.

Mit dem bekannten Geschichtsrevisionisten und NPD-Landtagsmitarbeiter Olaf Rose habe er in Briefverkehr gestanden und diesen mehrfach um Unterstützung gebeten. Einen handschriftlichen Brief an den NPD-Landesvorsitzenden habe er im April 2008 mit den Worten »In Dankbarkeit für Ihren vorbildlichen Einsatz für Deutschland« geschlossen. Hild selbst schreibt zu dieser Darstellung: »Wichtig zu betonen ist mir, dass ich mich niemals um eine NPD-Arbeitsstelle oder einen NPD-nahen Posten beworben habe und ich dies als bewusst parteiunabhängiger Patriot vor meinem Gewissen auch nicht rechtfertigen könnte.« Wichtiger als dieses Dementi ist der Umstand, dass er eine ganze Reihe von Behauptungen in diesem Zusammenhang nicht bestreitet. Diese selektive Wahrnehmung der Wirklichkeit scheint bezeichnend für seine gesamte Arbeitsweise zu sein.

Sollte sich die bisherige NPD-Nähe des Vereins tatsächlich zu einer Dominanz der NPD wandeln, dann wird Borna wahrscheinlich noch stärker als in der Vergangenheit Anlaufpunkt für die gesamte Neonazi-Szene und Geschichtsfälscher werden. Für eine solche Radikalisierung spricht auch die Recherche der Leipziger Volkszeitung, ein führendes Mitglied der Kameradschaftsszene aus Borna lebe inzwischen im Vereinsdomizil.

Für die LINKE ist diese Entwicklung ein Grund mehr, die Angelegenheit im Innenausschuss des Landtages zur Sprache zu bringen und den Antrag der Linksfraktion zur Gedächtnisstätte, in dem ein Verbot gefordert wird, mit

Hochdruck zu verfolgen. Und Eile scheint tatsächlich geboten. Nachdem Offizielle der Stadt über Monate die Hoffnung genährt hatten, das Problem in Borna werde sich demnächst erledigen, scheint sich der beabsichtigte Rückkauf des Geländes endgültig zerschlagen zu haben. Anders sind jedenfalls die Worte von Peter Köppe in einer Kreistagssitzung nicht zu interpretieren. Köppe erklärte den anwesenden Kreisräten, er sei der neue Leiter der Gedächtnisstätte und teile im Auftrag von Frau Limmer von Massow mit: »Wir verkaufen nicht!« Peter Hild wohnt inzwischen nicht mehr in Borna.

Jürgen Gansel ist in Borna bisher noch nicht gesichtet worden. Dabei könnte er hier eine Menge für seine »Dresdner Schule« lernen. Zumindest in einem wichtigen Teilbereich, dem Geschichtsrevisionismus, wird hier die von Gansel beabsichtigte Theoriebildung betrieben. Noch immer aber ist es das Umfeld der NPD, das sich dafür als zuständig bezeichnet. Die Partei selbst ist dazu nicht in der Lage.

Demagogie oder Programmatik?

Immer wieder wird die NPD mit der NSDAP verglichen. Sollte dieser Vergleich zutreffend sein, müsste es folglich vielfältige Übereinstimmungen der Inhalte und Methoden der NPD entweder mit dem NS-Regime oder der NSDAP auf dem Weg zur Macht, also noch vor der Machtübertragung an sie, geben. Tendenzen zur Übernahme von Konzeptionen der NSDAP oder Anlehnung an diese sind bei der NPD zweifellos auszumachen. Besonders deutlich sind die Parallelen zur NSDAP in der Bewegungsphase. Innerhalb der Entwicklung der NPD seit ihrer Gründung im November 1964 waren diese historischen Bezüge unterschiedlich stark ausgeprägt. Eine in sich geschlossene, durchgängige Konzeption ist insgesamt nicht erkennbar. Viele Sachfragen wurden und werden innerhalb der NPD kontrovers diskutiert und in unterschiedlichen Phasen der Parteigeschichte verschieden beantwortet. Zwei Grundsätze ziehen sich aber konsequent durch alle Themenbereiche und unterschiedlichen Sichtweisen: die völkische und antidemokratische Ausrichtung.

In den sechziger Jahren versuchte die NPD noch zu vermitteln, dass nur die Umsetzung ihrer politischen Konzepte den Erhalt der Demokratie gewährleisten könne. Heute dagegen präsentiert sie sich als systemoppositionelle Partei. Dieser veränderten strategischen Ausrichtung entspricht eine radikal veränderte Programmatik, die inzwischen als »revolutionär-antikapitalistisch« statt wie früher als »konservativ-antikommunistisch« bezeichnet werden muss.

Somit steht die NPD heute vor der Herausforderung sich eigene gesellschaftspolitische Vorstellungen erarbeiten zu müssen. Diese bleiben zunächst notwendigerweise recht vage und konturlos. Die Ursachen dafür sind vielschichtig. Die Partei möchte nach außen Geschlossenheit demonstrieren, ideologische Auseinandersetzungen würden dieses Wunschbild zerstören. Eine zu deutliche Formulierung ihrer gesellschaftspolitischen Vorstellungen würde aber auch die mühsam am Leben gehaltene »Volksfront von rechts« gefährden.

Dieses im September 2004 zwischen der NPD und Vertretern der »Freien Nationalisten« geschaffene Bündnis fand Anfang 2005 seine Erweiterung durch die Einbindung der DVU. Die NPD hat dafür ihre »Drei-Säulen-Strategie«, die bisher den »Kampf um die Straße«, den »Kampf um die Köpfe« und den »Kampf um die Parlamente« umfasste, um eine weitere Säule ergänzt. Dieser von Udo Voigt ausgerufene »Kampf um den organisierten Willen« kennzeichnet die Bemühungen, die extreme Rechte in Deutschland unter der Führung der NPD zu einer Zusammenarbeit in ihrer »Volksfront« zu überzeugen. Mit der DVU wurde im »Deutschlandpakt« vereinbart, dass man bis zum 31. Dezember 2009 nicht konkurrierend zu Wahlen antritt. Also hat die NPD es jetzt auf der einen Seite mit Kameradschaftsvertretern zu tun, die sich am Leitbild eines »nationalen Sozialismus« orientieren, und auf der anderen Seite mit der besitzbürgerlichen alten Rechten, der DVU, die auch unter ihrem neuen Vorsitzenden Matthias Faust so schnell keinen grundlegenden Wandel ihrer inhaltlichen Ausrichtung vollziehen dürfte. Als gemeinsamer Nenner lässt sich vor allem das Streben nach Erfolg ausmachen. Dies ist ein sehr kleiner gemeinsamer Nenner. Ihn durch programmatische Streitigkeiten zu gefährden, würde das gesamte Anliegen in Frage stellen.

Wie instabil die »Volksfront von rechts« trotz des demonstrativ zur Schau gestellten Willens zur Einheit ist, zeigt sich immer wieder. Erst im Oktober 2008 kam es zu einer Modifizierung des »Deutschlandpaktes«. Die DVU verzichtete – keineswegs ganz freiwillig und gegen den heftigen Widerstand des eigenen Landesverbandes – zugunsten der NPD auf einen Wahlantritt in bei den Landtagswahlen im August

2009. Die »Freien Nationalisten« Thüringens hatten zuvor apodiktisch verkündet, sie würden ausschließlich die NPD im Landtagswahlkampf unterstützen. Hier zeigt sich eine Kräfteverschiebung innerhalb des Lagers der extremen Rechten. In der Vergangenheit war es bei Bündnisabsprachen stets die DVU gewesen, die die Bedingungen diktieren konnte und Nutznießerin der Zusammenarbeit war.

Bereits zu den Kommunalwahlen in Brandenburg Ende September 2008 kam es zu NPD-Wahlantritten, obwohl Brandenburg gemäß Deutschland-Pakt »DVU-Land« ist. Allerdings erfolgte sie nicht in Konkurrenz zur DVU, da diese keine Kandidaten vor Ort hatte. Auch zwei Wahlperioden im Landtag haben nicht ausgereicht, dieser Partei eine stabile Basis zu verschaffen. Noch immer handelt es sich weitgehend um eine Phantom-Partei. Bei den Kommunalwahlen hatte dann die NPD die Nase vorn. Sie erreichte zwar nur magere 1,8 %, doch das Ergebnis der DVU fiel mit 1,6 % sogar noch schlechter aus. Die DVU gilt auch lagerintern inzwischen als Auslaufmodell. Der Prozess des rasanten Mitgliederschwundes dürfte sich nach dem Rückzug des faktischen Parteibesitzers Gerhard Frey aus der Führung noch beschleunigen. Im Internet ist folgerichtig von Seiten der extremen Rechten gelegentlich zu lesen: »Gerhard Frey enteignen! DVU auflösen! Brauchbare Mitglieder in die NPD überführen« (zitiert nach FR vom 14. 10. 2008). Die Wahlen im Jahr 2009 werden zeigen, ob die NPD eine Neuauflage des »Deutschlandpaktes« überhaupt noch nötig hat oder ob es ihr bereits gelungen ist, endgültig die alleinige Führungsrolle unter den Parteien der extremen Rechten zu übernehmen.

Ausgangspunkt aller gesellschaftspolitischen Vorstellungen der NPD: die Überwindung der Gesellschaft, um zur Gemeinschaft zu finden. Die Gemeinschaft repräsentiert das Heile und Ganze, das erst noch herzustellen ist, die Gesellschaft dagegen steht für Spaltungen, Brüche, Widersprüche und Partikularinteressen. Insofern versteht sich die NPD als neuer Typus von Partei, die eben nicht mehr Gruppenegoismen und Teilbereichen der Gesellschaft dient, sondern stets die Gesamtheit der imaginierten Gemeinschaft im Blick hat. Gemeinschaft in diesem Verständnis ist idealistisch, warm, gefühlsstark, nachbarschaftlich und verwandtschaftlich, während die Gesellschaft materialistisch, kalt, rational und distanziert ist. Träger dieser zu schaffenden Gemeinschaft ist das Volk.

Dementsprechend finden sich im derzeit aktuellen Parteiprogramm der NPD auch folgende Aussagen: »Volkstum und Kultur sind die Grundlagen für die Würde des Menschen.«, »Deswegen trägt der Staat, dessen Aufgabe der Schutz der Menschenrechte ist, Verantwortung für das Volk.«, »Die Volksgemeinschaft schafft die Verpflichtung für die Mitwirkung aller im Volk.«, »Die Familie ist Träger des biologischen Erbes.«, »Ein Volk, das tatenlos zusieht, wie die Familie zerstört wird oder ihre Kraft verliert, wird untergehen, weil es ohne gesunde Familien kein gesundes Volk gibt.« Alles wird dem »Volk« untergeordnet, auch die Würde des Menschen wird eingeschränkt und individuelle Freiheitsrechte gibt es gleich gar nicht. Hierbei ist man schon geneigt, eine Parallele zur NSDAP und deren Aussage »Du bist nichts, Dein Volk ist alles« zu ziehen. Die alte NPD der sechziger Jahre war noch mehrheitlich etatistisch ausgerichtet, die NPD von heute ist deutlich völkisch.

Dass Juden nicht zu diesem »deutschen Volk« gehören, ist für die NPD selbstverständlich. In dieser Beziehung hat sie eindeutig das geistige Erbe der NSDAP angetreten. Das braucht sie auch nirgends explizit zu formulieren. Ihr Antisemitismus ist grundlegend. Religiöse Argumentationen spielen in dieser Auseinandersetzung kaum eine Rolle. Die NPD holt die Leute vielmehr dort ab, wo sie eh schon stehen. Die verbreitete Kritik an der Politik des Staates Israel wie auch die vielfach undurchschaubare Funktionsweise der angeblich jüdisch dominierten Finanzmärkte (»Wallstreet«) sind die Anknüpfungspunkte für den Antisemitismus der NPD. Der »Chefideologe« Jürgen Werner Gansel hat in der »Handreichung für Kandidaten und Funktionsträger« ein wenig verklausuliert beschrieben, dass das »Große Geld« »obwohl seinem Wesen nach jüdisch-nomadisch und ortlos, seinen politisch-militärisch beschirmten Standort vor allem an der Ostküste der USA« hat. Für die NPD-Fraktion im Sächsischen Landtag gehört es zum Standardrepertoire, die Gelder für jüdische Kultur und Religion in den Haushaltsdebatten streichen zu wollen. In ihren Kleinen Anfragen ist ganz selbstverständlich die Rede von »anhaltenden jüdischen Forderungen«, und an anderer Stelle wird von »immer neue(n) Forderungen von Seiten der Leipziger Juden gegenüber dem Freistaat Sachsen« gesprochen. Wie manifest und wesentlich dieser Antisemitismus in der NPD und für die NPD ist, zeigt die Auseinandersetzung um die künftige Parteispitze. Gegen Andreas Molau wird dabei als gewichtiges Argument ins Feld geführt, dass in seinem Stammbaum auch jüdische Vorfahren zu finden seien. Ein »Achteljude«, so seine Gegner, könne nicht eine deutsche Partei führen.

Die Zukunft des »deutschen Volkes« ist nach den Vorstellungen der NPD gefährdet. Diese Gefährdung nimmt sogar progressiv zu. Die NPD sieht dafür vier entscheidende Faktoren: erstens die »Überfremdung« durch im Lande lebende Menschen nichtdeutscher Abstammung, zweitens den Bevölkerungsrückgang, der durch den Geburtenrückgang bei den Deutschen verursacht wird, drittens den Prozess der kapitalistischen Globalisierung, die das Volk von seiner Heimat und seiner Kultur entfremdet, und viertens die Liberalisierung aller Lebensbereiche, denn durch individuelle Freiheitsrechte löse sich die Gemeinschaft auf und mutiere zur chaotischen Gesellschaft.

Um zur Gemeinschaft, zum gesicherten »deutschen Volk« zu gelangen, müssen nach dem Verständnis der NPD diese vier Prozesse zunächst gestoppt und dann umgekehrt werden. Das parlamentarisch-kapitalistische System, so die Analyse der NPD, ist dazu weder willens noch in der Lage. Statt der parlamentarischen bedürfe es einer »organischen« Demokratie, die dafür Sorge trage, dass nicht mehr jene an die Schalthebel der Macht gelangen, die durch die Vorauswahlprozesse der Parteien gegangen sind, sondern jene, die durch ihre tagtägliche Arbeit nachgewiesen haben, dass sie die Besten sind. Ständestaatliche, korporatistische Vorstellungen wie diese sind in der NPD recht verbreitet. Der Wille des Volkes, so ein weiterer Ansatz, müsse möglichst direkt geäußert und umgesetzt werden. Garant für den Zusammenhalt des Volksganzen, des »Volkskörpers«, müsse ein starker Staat mit der Fähigkeit sein, seinen Willen nach innen und außen umzusetzen. Jürgen Werner Gansel schwebt deshalb eine »plebiszitäre Präsidialdemokratie« vor. Parlament und Parteien sind in diesem Modell überflüssige, gar schädliche Einrichtungen, da durch sie stets nur Partikularinteressen zum Ausdruck gebracht würden. Der Präsident dagegen soll durch das Volk, den Souverän, direkt gewählt werden und von ihm ebenso direkt Aufträge erhalten.

Zusammenfassend ausgedrückt besteht also die Mehrheitsposition der NPD in den Zielen der Schaffung einer biologisch verstandenen Volksgemeinschaft und eines Führerstaates. Dem Führer/Präsidenten kommt die zentrale Aufgabe zu, die verlorene Identität von Volk und Staat zu restaurieren. Hauptfeinde bei dieser Rekonstruktion sind der Liberalismus und dessen ökonomischer Ausdruck, der Kapitalismus. Als Quellen für ihre ideologische Arbeit nutzt die NPD sowohl den historischen Nationalsozialismus, besonders in seiner Bewegungsphase, wie auch die Vertreter der Konservativen Revolution, vor allem ihrer nationalrevolutionären Strömung, und noch vereinzelt, aber mit zunehmender Tendenz, Ansätze des europäischen Faschismus aus der Zwischenkriegszeit. Es gibt also keineswegs den reinen NS-Bezug, denn einerseits sind die eigenen ideologischen Quellen erweitert worden, andererseits hat eine Europäisierung des Blickes stattgefunden.

So hat zum Beispiel Jürgen Werner Gansel im August 1999 seine Magisterarbeit unter dem Titel »Antikapitalismus in der ›Konservativen Revolution‹ in Deutschland 1918–1932« im Hauptfach Mittlere und Neuere Geschichte an der Justus-Liebig-Universität Gießen eingereicht. Der Burschenschafter Gansel war damals Bundesgeschäftsführer des Nationaldemokratischen Hochschulbundes und Schulungsleiter der hessischen Jungen Nationaldemokraten. Er hatte bereits einen Radikalisierungsprozess hinter sich, der ihn von der CDU über den nationalliberalen Bund Freier Bürger zur Jungen Landsmannschaft Ostpreußen geführt hatte. Aus seinem damaligen Umfeld stammt auch der heutige Fraktionsmitarbeiter der sächsischen NPD, Arne Schimmer, der für die meisten finanz- und wirtschaftspolitischen Grundsatzpapiere verantwortlichen zeichnen dürfte.

Es ist schon bemerkenswert, dass sich Gansel in seiner Magisterarbeit auch mit der Definition des Begriffs Kapitalismus durch Marx beschäftigt, ohne diesen als Quelle genutzt zu haben. Eine wissenschaftliche Arbeitsweise sieht wohl anders aus. Die Schlusssätze seines Werkes sind allerdings für die Denkweise des selbsternannten Vordenkers der NPD Sachsen recht aufschlussreich. »Die Kapitalismuskritik konservativ-revolutionärer Kreise war letztlich der Versuch einer wirtschaftspolitischen Synthesebildung aus staatssozialistischen und privatwirtschaftlichen Elementen. Jenseits von Marxismus und Liberalkapitalismus sollte eine autoritative und sozial gerechte Gemeinschaft des deutschen Volkes geschaffen werden.«

Würde man den letzten Satz unkommentiert und ohne Quellenangabe in den Raum stellen, wäre es die perfekte Umschreibung dessen, was die NPD aktuell anstrebt: Diese Vorstellungen finden sich dann auch im »Politischen Lexikon«, das auf den Internetseiten der NPD zu finden ist, unter dem Stichwort »Dritte Position, Dritter Weg« wieder: »Weltanschauliche Grundvorstellung jenseits von Marxismus und Liberalismus. Grundlage ist das wirkliche Menschenbild von Nationalisten. Der Dritte Weg will die Widersprüche Klasse und Nation überwinden, liberalistische Gleichmacherei wie marxistischen Kollektivismus erübrigen. Leitgedanke ist die Regel des ›preußischen Sozialismus‹: ›Jedem das Seine!‹«. Auf diese Art und Weise die Inschrift des Tores des KZs Buchenwald in einem »Politischen Lexikon« unterzubringen, zeigt die abgestrittene und doch nicht ganz zu leugnende Nähe zum Nationalsozialismus.

Zur Umsetzung ihrer gesellschaftspolitischen Vorstellungen hat sich die NPD diverse Strategien und Taktiken überlegt. So marginal die lagerinterne Auseinandersetzung mit den inhaltlichen-programmatischen Positionen der NPD ist, so vielfältig und breit diskutiert werden ihre methodischen Konzepte. »National befreite Zonen«, und »Wortergreifungsstrategie« sind die wohl bekanntesten dieser konzeptionellen Ansätze. Am Besten beschrieben hat der NPD-Parteivorsitzende Udo Voigt die Wortergreifungsstrategie. In der bereits erwähnten Handreichung »Argumente für Kandidaten und Funktionsträger« schreibt er im Vorwort: »Es wird immer schwieriger, eigene NPD-Veranstaltungen in Deutschland durchzuführen. Besuchen wir daher im Sinne der Wortergreifungsstrategie die Veranstaltungen des politischen Gegners. Dieser hat hier die Arbeit der Vorbereitung, Planung und Durchführung. Doch sobald er eine öffentliche Veranstaltung macht, müssen Nationaldemokraten vor Ort sein, um etablierte Politiker und Kandidaten zur Rede zu stellen.« Damit soll erreicht werden, dass die NPD-Positionen als legitim und als normal im öffentlichen Raum erscheinen – was übrigens auch auf die anderer Vertreter der extremen Rechten zutrifft. Geredet wurde über dieses Vorgehen viel. Doch für den Wahlkampf 2008 ist in Sachsen keine einzige Veranstaltung bekannt geworden, bei der Nazis versucht haben, tatsächlich das »Wort zu ergreifen«. Erreicht wurde trotzdem eine erhebliche Verunsicherung anderer Parteien, die gelegentlich sogar darauf verzichteten, den Problembereich extreme Rechte zu thematisieren, da sie Angst hatten, dass dann die Nazis erscheinen würden.

Programmatische Aussagen, Agieren in der Öffentlichkeit – auch mit Hilfe der Handreichung »Argumente für Kandidaten und Funktionsträger«, Faltblätter und Broschüren für die Bürgerinnen und Bürger sowie das nachlesbare Wirken in einem Landesparlament unterscheiden sich bei der NPD und können sogar gegensätzlich ausgerichtet sein. Mit jedem dieser Bereiche werden unterschiedliche Zielgruppen bedient. Die NPD im Sächsischen Landtag unterliegt ständiger öffentlicher Beobachtung. Betrachtet man nur ihr Agieren dort, liest man ausschließlich die Drucksachen des Sächsischen Landtages, bleibt das Bild der NPD und ihrer inhaltlich-programmatischen Positionen bruchstückhaft. Partiell hätte man der NPD damit Angriffsflächen genommen.

Eine andere Form der isolierten Betrachtungsweise besteht darin, dass ausschließlich ihre Provokationen, ob bewusst oder unbewusst platziert, im Fokus der Wahrnehmung stehen. Sie provoziert durch Aktionen wie den Neujahrsempfang 2005, durch Aufmärsche direkt vor dem Landtag oder indem sie ein geschichtsrevisionistische Gedenken für die Opfer der Bombardierung Dresdens einfordert. Sie provoziert durch Begrifflichkeiten wie »Bomben-Holocaust«, »eliminatorischer Antigermanismus« oder »maximal Pigmentierte«. Je mehr sich die Demokraten darüber aufregen, umso sicherer kann sich die NPD über Beifall bei ihrer bereits vorhandenen und noch zu gewinnenden Klientel freuen. Und sie weiß, dass sie dadurch ihre weniger auffälligen Aktivitäten in aller Ruhe fortsetzen kann.

Am 3. Dezember 2007 ging ein Antrag mit der Drucksachennummer 4/10573 in den Geschäftsgang des Sächsischen Landtages. Thema: »Hartz IV-Gesetze zurücknehmen – Armut und soziale Schieflagen verhindern!« Darin heißt es: »Der Landtag möge beschließen: die Staatsregierung wird ersucht,

I. sich auf Bundesebene dafür einzusetzen, das zum 1. 1. 2005 in Kraft getretene ›Vierte Gesetz für moderne Dienstleistungen am Arbeitsmarkt zurückzunehmen; und

II. sich für folgende Kernforderungen bei einer vorzunehmenden Reform des Sozialgesetzbuches einzusetzen:

1. eine Staffelung des sozialen Sicherungssystems, das neben dem Aspekt der Armutsfestigkeit auch eine wirksame wirtschaftliche Barriere gegen die Unterschreitung einer Mindestentlohnung in Höhe der Armutsgrenze umfassen muß.

2. eine Ausrichtung der Leistungen an erwerbsfähige Hilfebedürftige an der Höhe des durchschnittlichen Einzahlungsbetrages der letzten 12 Monate vor der Hilfebedürftigkeit. Eine zeitlich befristete Zahlungshöhe soll es grundsätzlich nicht geben, da auch der Einzahlungsbetrag nicht zeitlich und in seiner Höhe befristet ist. Ein verkürzter zeitlicher Einzahlungsrahmen bei saisonabhängigen Tätigkeiten wie z. B. im Baugewerbe muß Berücksichtigung erfahren.

3. Berücksichtigung des individuellen Bedarfs von Hilfebedürftigen in besonderen Lebenslagen. Die soziale Sicherung darf sich nicht an der Erfordernis orientieren, größtmögliche Verwaltungseffizienz zu erreichen, sondern an ihrer Primäraufgabe, Hilfe für in Not geratene Menschen zu leisten.

4. Jährliche Anpassung des monatlichen Mindestbetrages zur sozialen Sicherung unter Berücksichtigung aktualisierter Inflationsraten. Eine Kopplung an andere Parameter – etwa die Rentenentwicklung – ist sozialpolitisch abzulehnen, da diese in keinem ursächlichen Zusammenhang mit der allgemeinen Preisentwicklung stehen.

5. Berücksichtigung des Aufwendungsbedarfs für Bildung und vollständige Erstattung. Alle Ausgaben für Bildung müssen – vor dem Hintergrund des Lehr- und Lernmittelfreiheit sowie unter Berücksichtigung des gesellschaftlichen Auftrags zur Fort- und Weiterbildung – erwerbsfähigen Hilfebedürftigen erstattet werden. Diese umfassen neben der Erstausstattung für Erstklässler auch sämtliche Ausgaben im Zusammenhang mit Bildungsmaßnahmen für Kinder und Jugendliche, außerdem Aufwendungen im Bereich der Erwachsenenbildung, die als erwerbsfördernde und -sichernde Maßnahme zu sehen ist.«

Ich behaupte von mir nicht, dass ich eine in allen Fragen kompetente Sozialexpertin bin, aber mir fällt nur ein einziger Grund ein, warum ich all diese Forderungen ablehnen sollte: es handelt sich um einen Antrag der NPD-Landtagsfraktion. Auch in der umfangreichen Begründung ist nichts zu finden, was auf Fremdenfeindlichkeit und Rassismus schließen lässt. Sie endet mit den Worten: »Deshalb sieht die NPD-Fraktion als einzigen gangbaren sozialpolitischen Weg die Abschaffung der Hartz-Gesetze und die Schaffung einer neuen Form einer armutsfesten Grundsicherung.«

In meiner Bewertung solcher Anträge frage ich auch stets nach dem Kontext und dieser Antrag steht im Kontext der Ideologie der NPD, stets das »deutsche Volk«, die »deutsche Volksgemeinschaft« in den Mittelpunkt zu stellen. Es geht nie um den Menschen an sich. Dessen Selbstbestimmungsrechte sind für die NPD zweitrangig. Es geht ausschließlich um die Deutschen. Im Gegensatz zu anderen bezeichne ich dies nicht als »soziale Demagogie«. Denn die NPD meint es durchaus ernst mit ihren Forderungen. Ein völkischer Nationalist kann nicht akzeptieren, dass ein erheblicher Teil seines Volkes sozial ausgegrenzt wird. Es nützt herzlich wenig, diese soziale Ideologie mit der sozialen Praxis des NS-Regimes zu kontrastieren. Dies sollte berücksichtigt werden, wenn man erfolgreich eine weitere Ausbreitung der extremen Rechten verhindern möchte.

Gansel hat sich 2006 in der Dezemberausgabe der Deutschen Stimme dem Themenfeld Sozialpolitik zugewandt. Er formuliert dort: »Die Nationalisierung der sozialen Frage und die Vision eines solidarischen Volksstaates, in dem die soziale Teilhaberschaft eines jeden Deutschen garantiert ist, wird dem Nationalismus soviel Zulauf bescheren, daß die morschen Knochen der Volks- und Vaterlandsabwickler noch gehörig zittern werden. Die Ethnisierung des Sozialen (wir Deutschen oder die Fremden) ist eine Aktualisierung und sozialpolitische Durchformung von Carl Schmitts Freund-Feind-Unterscheidung als Essenz des Politischen – und eben auch als Essenz des Sozialstaatsprinzips. In diesem

Sinne lauten die Gegensatzpaare: Sozialstaat oder Einwanderungsstaat, solidarische Wir-Gemeinschaft oder materialistische Ich-Gesellschaft, staatszentrierter Nationalverband oder marktzentrierte Weltzivilisation. Es dürfte klar sein, wofür sich die meisten Deutschen als Abwehrreaktion gegen die Wohlstands-, Wert- und Gemeinschaftserosion in naher Zukunft entscheiden werden.« Diese wenigen Zeilen stellen ein ausformuliertes inhaltliches Programm dar, von dem sich alle Entscheidungen auch in anderen Politikbereichen ableiten lassen. Ich kann dies selbstverständlich als »soziale Demagogie« bezeichnen. Hilfreich in der Auseinandersetzung ist diese Charakterisierung nicht, da sie den inhaltlichen Kern nicht erfasst.

Natürlich grenzt die NPD in ihrer »Sozialpolitik« »Nichtdeutsche« aus. Sie beruft sich dabei auf den Staatsrechtler Carl Schmitt, einen der wichtigsten Autoren der Konservativen Revolution und zeitweiligen »Kronjuristen des Dritten Reiches«. Die meisten Staatsrechtslehrer der alten Bundesrepublik sind durch seine Schule gegangen. Trotz seiner Vergangenheit handelt es sich bei ihm keineswegs um eine persona non grata, sondern vielmehr um jemanden, der noch heute in konservativen Kreisen höchstes Ansehen genießt. Wenn Gansel ihn als seinen Kronzeugen anführt, knüpft er also trotz der Radikalität der zum Ausdruck gebrachten Gedanken an die gesellschaftliche Mitte an.

Aber auch für jene Menschen, denen Carl Schmitt völlig unbekannt ist, ist die Ausgrenzung Nichtdeutscher kein Grund dafür, die Ansätze der NPD abzulehnen oder sie nicht als »sozial« zu betrachten. Eine Gesellschaft, die auf Konkurrenz basiert, wird immer einen hohen Anteil an Menschen aufweisen, die die Ausschaltung potenzieller Konkurrenz befürwortet. Für sie liefert die NPD lediglich eine rationale Begründung, weshalb bestimmte Menschengruppen aus der Solidargemeinschaft ausgeschlossen werden sollen. Ein Diskurs, der der NPD diese Ausgrenzung von Menschen mit Migrationshintergrund vorwirft, wird bei Menschen, die zu Wohlstandschauvinismus oder anderen Formen des Rassismus neigen, wirkungslos bleiben. Wenn die Grundsatzkritik der NPD an der Gesellschaft völkisch begründet ist, werden reformistische Entwürfe wenig ausrichten. Notwendig ist eine Gesellschaftskritik, die die Basis der Gesellschaft, das kapitalistische Konkurrenzsystem, angreift.

Nach den vielfältigen Protesten gegen die Hartz-IV-Gesetze, die leider mancherorts auch mit Beteiligung von Vertreterinnen und Vertretern der extremen Rechten stattfanden, und dem Einzug der NPD in den Sächsischen Landtag im gleichen Jahr gab es viel Geschrei, dass die Agitation gegen Hartz IV lediglich Wahlkampfpropaganda gewesen sei, sie aber anschließend im Landtag nichts gegen Hartz IV getan habe. Diese Kritik ist, um der Wahrheit die Ehre zu geben, nicht gerechtfertigt. Ein Parlamentsneuling kennt nicht bereits am ersten Tag alle Möglichkeiten. Und ein Landtag ist eigentlich nicht zuständig für die Änderung oder Aufhebung von Bundesgesetzen. Das taugliche Mittel, trotzdem in der gewünschten Richtung aktiv werden zu können, nämlich die Formulierung »der Landtag möge beschließen, dass die Staatsregierung auf Bundesebene initiativ wird, um …«, hat die NPD-Fraktion erst nach einigen Monaten entdeckt. Inzwischen nutzt sie es ausgiebig.

In der Differenzierung zwischen Landes- und Bundesebene und den damit zusammenhängenden unterschiedlichen Verantwortungsbereichen hat die NPD allerdings bereits am 3. November 2004 einen Gesetzentwurf eingereicht, den man in diesem Zusammenhang nicht unter den Tisch fallen lassen darf. Er sieht vor, dass die Diäten der Abgeordneten des Sächsischen Landtages an das Einkommen der privaten Haushalte in Sachsen zu binden. Wer sich weigert, diesen Ansatz im Zusammenhang mit Sozialpolitik zu sehen, verschließt die Augen vor der Realität. In der Fachliteratur findet dieser Gesetzesentwurf kaum oder gar keine Erwähnung. Seine Wirkung in der Öffentlichkeit ist weitaus größer als die politikwissenschaftliche Wahrnehmungslücke.

Bis Ende September 2008, also in vier Jahren, hat die NPD-Landtagsfraktion insgesamt neun Gesetzentwürfe und 142 Anträge eingereicht. Im Vergleich mit den anderen Fraktionen hat die NPD die wenigsten Gesetzentwürfe erarbeitet. Bei den Anträgen liegt sie bei den Oppositionsparteien etwas über der FDP. Die Fraktion Bündnis 90 / Die Grünen mit ihren sechs Abgeordneten hat im gleichen Zeitraum über 50 Anträge mehr als die NPD in den Geschäftsgang gebracht. Ein Vergleich mit der LINKEN, die so gern von der NPD angegriffen wird, macht noch deutlicher, dass die NPD gar nicht so gut ist, wie sie permanent von sich selbst behauptet: 30 Gesetzentwürfe und über 400 Anträge stehen bei der LINKEN zu Buche.

Neben den NPD-Gesetzentwürfen, die sich vor allem mit Details anderer Gesetze beschäftigen, fallen zwei besonders auf: das Sächsische Familiendarlehensgesetz und das Vollgesetz über Versammlungen und Demonstrationen. Bei den Anträgen hat rund ein Drittel davon einen Bezug zur

Sozialpolitik, wobei ich mich nicht über einzelne Zuordnungen streiten will. Studiengebühren an Universitäten und Hochschulen sind für mich auch und vor allem eine soziale Fragestellung. Nachdem es die Bundesgerichtsentscheidung zur Zulässigkeit von Studiengebühren gab, war es die NPD-Fraktion, die als erste deren Ablehnung in Sachsen beantragte.

Schließungen von Betrieben thematisierte die NPD stets unter dem Aspekt des Verlustes von Arbeitsplätzen. Gleich in zwei Anträgen beschäftigte sie sich mit dem Textilunternehmen NEUE ERBA LAUTEX GmbH in der Oberlausitz »und drohender Verlust von über 200 Arbeitsplätzen«. Bei der Behandlung im Plenum waren Mitglieder der Belegschaft des Betriebes anwesend. Sie entrollten sogar ein Transparent von der Zuschauertribüne. Für Teile der Belegschaft war die NPD offenkundig die letzte Hoffnung. Ich kann dies natürlich weder den betroffenen Beschäftigten noch der NPD zum Vorwurfe machen. Beide handelten gemäß ihren jeweiligen Interessen. Der Vorwurf muss sich gegen die demokratischen Parteien richten, die Politik über die Köpfe der Betroffenen hinweg gemacht haben, die sich mehr oder weniger klaglos damit abgefunden haben, dass Vernichtung von Arbeitsplätzen im Kapitalismus zum bitteren Alltag gehört. Die Stärke der Neonazis ist stets auch das Unvermögen der Demokraten.

Der Erhalt der Firma Margon in Burkhardswalde, Maßnahmen für Biria / »Lone Star« und im September 2008 die Rettung des sächsischen Traditionsbetriebes MZ Zschopau sind Antragsthemen der NPD-Landtagsfraktion. Im Gegensatz zu anderen Parteien verknüpft die NPD jedoch gerade bei diesen Themen parlamentarisches und außerparlamentarisches Agieren. Unter der Überschrift »Regionale Wirtschaftsräume erhalten!« brachte die NPD-Fraktion ein Flugblatt »Arbeitsplätze bei der BIRIA GmbH retten!« heraus. Auf den Internetseiten der Fraktion wird dieses Flugblatt wie folgt beworben. »Wirtschaftlich gesunde Betriebe werden von ausländischen Investoren aufgekauft, weiterverkauft – und dann geschlossen. ... Der US-Hedge-Fonds ›Lone Star‹ hat nun die erst 2005 gekauften BIRIA-Geschäftsanteile an die ›Mitteldeutsche Fahrradwerke AG‹ (MIFA AG) weiterverkauft. Die MIFA AG will nun das Werk in Neukirch dichtmachen und damit einen potentiellen Konkurrenten ausschalten.« Die gleiche Formulierung findet sich auch im Flugblatt – allerdings unter dem Bild zweier Heuschrecken und der Zwischenüberschrift »Invasion der ›Heuschrecken‹ abwehren!« Das Engagement für die Arbeitsplätze wird verbunden mit Kapitalismuskritik, die das »gute« bodenständige und produzierende Kapital positiv dem »bösen« vagabundierenden und wurzellosen Finanzkapital gegenüberstellt.

Auch in diesem Fall kann die NPD an Gedankengut anknüpfen, das längst in der oft beschworenen »Mitte der Gesellschaft« angekommen ist. Das »Heuschrecken«-Bild war unter anderem vom heutigen SPD-Vorsitzenden Franz Müntefering in den öffentlichen Diskurs eingeführt worden. Solche Formulierungen fallen bei der NPD naturgemäß auf fruchtbaren Boden, denn in ihrem Weltbild steckt hinter dem Finanzkapital gleich die gesamte angebliche jüdische Weltverschwörung. Es wäre ein schwerer Fehler, es bei der Beurteilung der Aktivitäten der NPD bei einer Oberflächenanalyse zu belassen. Niemand in der Politik agiert im luftleeren Raum. Dies gilt auch für die NPD. Sie ist nicht zu verstehen, wenn das gesamtgesellschaftliche Umfeld nicht in die Untersuchung einbezogen wird.

Die Liste der Anträge der NPD mit direktem oder indirekten Bezug zu Hartz IV ist lang. Sie wurden ausnahmslos durch alle demokratischen Parteien abgelehnt. Die NPD stellt aber immer wieder neue, auch wenn die Ideen dazu langsam auszugehen scheinen: »Hartz IV-bedingte Umzüge«, »Bundeszuschuss für die bei den Kommunen verbleibenden Kosten für Heizung und Unterkunft«, »Gesetzliches Recht auf ein Girokonto«, »Bundesratsinitiative gegen eine Hartz IV-›Generalrevision‹ der Bundesregierung«, »Keine weitere Verschärfung der Hartz-Reformen im Zuge der anstehenden Reform des Niedriglohnsektors«, »Leistungen achten, Bestandssicherheit gewähren!«, »Abwendung der potentiellen Ungleichbehandlung von Hartz IV-Empfängern im Zuge der Verwaltungs- und Funktionalreform«, »Kostenfreie, vollwertige und gesunde Ernährung für Kinder und Jugendliche nicht auf Hartz IV-Leistungen anrechnen!«, »Dem sozialen Kahlschlag wehren – jetzt Maßnahmen gegen Kinder- und Jugendarmut ergreifen!«, »Hartz IV einer Generalrevision unterziehen« und im Frühsommer 2008 der Antrag »Rückkehr zum Sozialstaat statt Extremismus für den Kapitalmarkt – Hartz IV-Generalrevision«.

Im Konkreten lesen sie sich ähnlich wie der eingangs vollständig zitierte NPD-Antrag. Dass sie auf diesem Gebiet aktiv ist, möchte die Partei allen beweisen. Für diverse Infostände und offizielle Anlässe, wie dem »Tag der offenen

Tür im Landtag« und dem »Tag der Sachsen«, hat sich die NPD-Landtagsfraktion extra eine grünweiße Mappe anfertigen lassen. Der Aufdruck lautet »Gemeinsam für ein soziales Sachsen«. Sie haben eine Broschüre »Hartz IV ist keine Lösung. Arbeit statt Almosen!« erstellt und außerdem ein Faltblatt »Armut durch Arbeit bekämpfen! Hartz IV ist keine Lösung!« Viel Material zum Thema. In diesen Papieren beschäftigen sie sich keineswegs nur mit den Auswirkungen von Hartz IV. Die NPD benennt auch die aus ihrer Sicht Schuldigen: »Die Globalisierung ist kein Naturgesetz; die Globalisierung ist eine Fehlentscheidung, für die allein die Altparteien und die Wirtschaftskonzerne verantwortlich sind: Grenzen auf, Billigarbeiter rein, Arbeitsplätze raus, Löhne runter!«

Auf die Kritik folgen die Lösungsvorschläge: »Was wir brauchen sind nationale Märkte, eine wirtschaftliche Ordnung, in der nicht nur verkauft, sondern auch vor Ort produziert wird. Wir brauchen wieder eine echte Volkswirtschaft! ... Wir brauchen aber eine Wirtschaftsordnung, die die Sicherung der sozialen Rechte unseres Volkes in den Mittelpunkt stellt.« Die NPD-Fraktion setzt diese Themen auch auf die Tagesordnung des Sächsischen Landtages. 2008 beantragte die NPD im April eine Aktuelle Debatte zum Thema »Mit Volldampf ins soziale Desaster – fünf Jahre Agenda 2010«; diese wurde am 17. April durchgeführt. Für den 18. April hat sie ihren eingangs zitierten Antrag auf die Tagesordnung setzen lassen und wieder zurückgezogen. Erst im Juni taucht wieder ein Antrag dazu auf: »Hartz IV einer Generalrevision unterziehen«. Im April sollte ein Antrag behandelt werden, der im Dezember 2007 geschrieben wurde. Er wurde jedoch wieder zurückgezogen und zwei Monate später wurde ein neuer Antrag im Plenum behandelt, der erst zehn Tage zuvor geschrieben und eingereicht wurde. Aus »Hartz IV-Gesetze zurücknehmen« wurde nun »Hartz IV einer Generalrevision unterziehen«.

Es handelt sich wieder um eine Bundesinitiative. »Die Staatsregierung wird ersucht, ... daß auf Bundesebene eine Rückkehr zum grundgesetzlich garantierten Sozialstaatsprinzip nach Artikel 1 Abs. 1 in Verbindung mit Artikel 20 Abs. 1 Grundgesetz stattfindet, insbesondere mittels Maßnahmen wie:

1. Einführung eines dreigliedrigen Sicherungssystems, das sich in der ersten und anschließenden zweiten Stufe an der Höhe des Einkommens der letzten zwölf Monate orientiert und dem Versicherungsprinzip tatsächlich Rechnung trägt, wobei die zeitliche Dauer der ersten Stufe 12 Monate und die der anschließenden zweiten Stufe (Versicherungsprinzip des Einzahlenden) unbegrenzt ist und Kinder einen – deutlich – erhöhten Anspruch erwerben lassen. In einer dritten Stufe für alle weiteren Personen soll die Armutsgrenze gemäß der Definition der Weltgesundheitsorganisation (WHO) nicht unterschritten werden.

2. Berücksichtigung persönlicher Bedarfe von Kindern, Jugendlichen, Auszubildenden und Kranken sowie nicht vorhersehbaren oder unabwendbaren Ereignissen und gesundheitlichen Bedürfnissen;

3. Jährliche Evaluierung der Bedarfe und Anpassung an das durchschnittliche Einkommen unter besonderer Berücksichtigung der Bedarfsbestandteile.«

Im Endeffekt ist der Inhalt nahezu identisch mit dem des

zurückgezogenen Antrags. Der neue Antrag ist allerdings kürzer. Es fehlen die konkreten Beispiele, er ist juristisch grundlegender und nachvollziehbarer, er bezieht sich auf das Grundgesetz. Aber er ist schlechter kommunizierbar. Schon allein die Überschrift zeigt dies. »Hartz IV-Gesetze zurücknehmen« versteht jede und jeder, aber was ist eine Generalrevision?

Eine Formulierung wie »Rückkehr zum grundgesetzlich garantierten Sozialstaatsprinzip nach Artikel 1 Abs. 1 in Verbindung mit Artikel 20 Abs. 1 Grundgesetz« erschließt sich nicht ohne umfangreiche Erläuterungen dem Verständnis des politischen Laien. Es ist zu vermuten, dass sich mit einem Personalwechsel innerhalb des Stabes der wissenschaftlich-parlamentarischen Mitarbeiter der NPD-Landtagsfraktion in dieser Frage der Ansatz des parlamentarischen Agierens verschoben hat. Karl Richter, der jahrelang der Chef des Mitarbeiterteams war, ist weggegangen. Nun hat der studierte Jurist Holger Szymanski, der vorher Pressesprecher der Fraktion war, diese Stellung inne. Formulierungen wie die angeführte rufen vehemente Kritik bei der eigenen Klientel hervor. Sie dienen als Beleg dafür, dass die NPD bereits »im System« angekommen sei. Da dieser Kritik begegnet werden muss, werden in den Faltblättern die Dinge wieder stärker beim Namen genannt. Das erst Ende 2008 erstellte Faltblatt »Armut Bekämpfen!« trägt den Untertitel »Deutsches Geld für deutsche Aufgaben!«. Lange Zeit hielt sich die NPD-Landtagsfraktion mit solchen Formulierungen ein wenig zurück. Aber der Wahlkampf naht und die Unterstützung der radikalen Kameradschaften wird dringend benötigt.

Bestimmte soziale Themen werden nicht nur von einem Fachpublikum reflektiert, sondern werden intensiv in einer breiten Öffentlichkeit diskutiert, da sie den Alltag der Bevölkerungsmehrheit betreffen. Ein solches Thema ist seit spätestens 2008 der Ärztemangel insbesondere im ländlichen Raum. Dazu kam von der NPD ihr Antrag »Ärztemangel im ländlichen Raum wirksam bekämpfen« im September auf die Tagesordnung des Landtages. Es gibt eigentlich keinen Themenkomplex, der medial eine Rolle spielt, den die NPD nicht parlamentarisch besetzt. In den ersten neun Monaten des Jahres 2008 ließ sie viele dieser Anträge auf die Tagesordnung setzen. Im März hatten alle ihre Anträge diesen besonderen Charakter: »Besteuerung von Kraftstoffen senken – Biokraftstoffe fördern«, »Die Steuerbasis sichern – Steuerhinterziehung wirksam bekämpfen« und »Zukunftschancen für Sachsen nutzen – Bodenschätze frühzeitig neu bewerten!«. Für die genannten Anträge ist festzustellen, dass sie nicht sofort als Anträge einer Partei der extremen Rechten zu erkennen sind.

Andere Anträge sind eindeutiger bezüglich ihrer Herkunft identifizierbar. Im April 2008 ließ die NPD außer dem letztlich abgesetzten Hartz-IV-Antrag zwei weitere Anträge auf die Tagesordnung setzen. Ihre Reaktion auf den so genannten Leipziger Disko-Krieg lautet unter deutlicher Anspielung auf einen Hauptverdächtigen einfach »Geltendes Ausländerrecht konsequent anwenden – Artur T. abschieben!«. Mit ihrem Antrag »Grenzkriminalität nach Schengen-Erweiterung stoppen – Maulkorberlass für die Polizei aufheben!« gießen die Neonazis zusätzliches Öl ins Feuer der medialen Hysterie bezüglich des Wegfalls der

Grenzkontrollen zu Polen und Tschechien und einer angeblich dadurch gestiegenen Kriminalität.

Auch in ihren Aktuellen Debatten nutzt die NPD Themen mit einem hohen öffentlichen Aufmerksamkeitsgrad, um ihre Weltanschauung in den Mittelpunkt zu rücken. Mit ihrer Debatte »Die inszenierte ›rechte Gewalt‹ – Rebecca K. und die Folgen« im Mai 2008 wird eine Vorverurteilung vorgenommen. Die NPD wartet nicht die Ermittlungen ab, ob sich die betreffende junge Frau tatsächlich, wie von der Staatsanwaltschaft behauptet, ein Hakenkreuz selbst eingeritzt hat, sondern tut die Behauptung von Rebecca K., Nazis hätten sie angegriffen und ihr die Verletzung beigebracht, als Teil einer Inszenierung ab. In einer weiteren von ihr beantragten Aktuellen Debatte machte die NPD ihre grundlegende Kritik an der EU unter der bezeichnenden Überschrift: »Freitag, der 13., ein Glückstag für die Völker Europas! Demokratie oder EU?« zum Thema.

Klassische Themen der extremen Rechten stellen die zweitgrößte Gruppe der NPD-Anträge im Sächsischen Landtag dar. Die Ablehnung der EU fand ihren Ausdruck in einer »Bundesratsinitiative für einen Ausstieg der Bundesrepublik Deutschland aus dem Euro, Wiedereinführung der DM«. Den Debatten im Landtag zum Patriotismus und der Nationalhymne widmete sie eine Broschüre unter dem Titel »Patriotismus und nationale Symbole«. Die von der NPD beantragte Debatte dazu fand übrigens ausgerechnet an einem 9. November statt. Holger Apfel begann seine Rede mit den Worten: »Heute begehen wir den 16. Jahrestag des Mauerfalls.« Dass es für die NPD an diesem Tag um keine anderen historischen Bezüge ging, mag glauben wer will.

Sich an einem solchen Tag auf Antrag der NPD mit einem Lied zu beschäftigen, das die Liedzeile »Deutschland, Deutschland über alles, über alles in der Welt« enthält, hatte etwas Makaberes. In der Broschüre finden sich Zwischenüberschriften wie: »Trendwende zu einem neurosefreien Politikverständnis«, »Aufgeklärter Patriotismus statt seelenloses Weltbürgertum«, »Das ganze Deutschlandlied soll es sein« und »Blockparteien haben das Rückgrat einer Amöbe«. »Blockparteien« ist der NPD-Ausdruck für die anderen Landtagsparteien.

Die Auseinandersetzung mit der deutschen Vergangenheit im 20. Jahrhundert hat für die NPD einen hohen Stellenwert. Da sie sich dem Kampf gegen den angeblichen »Schuldkult«, den »Nationalmasochismus« verschrieben hat, präsentiert sie sich als Opferanwalt. In ihrer Gedankenwelt ist stets Deutschland und sind stets die Deutschen Opfer. Die Täterrolle wird nicht einmal in Betracht gezogen. Die Verteidigung der Vergangenheit schließt die NS-Zeit ein und führt regelmäßig zu einer Rechtfertigung der Politik der Nazis. Trotzdem handelt es sich keineswegs um ein Randgruppenthema, das nur beim harten Kern der Neonazis Anklang findet. Vielmehr wird auch mittels dieses Themas die »Mitte der Gesellschaft« bedient. Gruppen, die sich selbst immer als Opfer definiert haben, erleben die NPD als Sprachrohr ihrer Interessen.

Ein Antrag der NPD vom Dezember 2007 »Deutsche Kriegsgefangene und Zwangsdeportierte angemessen entschädigen!« ist in diesem Zusammenhang zu sehen. Bereits im Januar 2005 reichte die NPD als dritten ihrer Anträge überhaupt ihr Papier »Errichtung einer Sächsischen Landesstiftung ›Opfer des Luftkrieges‹ und Einrichtung eines regulären Gedenktages zur Erinnerung an die alliierten Luftangriffe vom 13. / 14. Februar 1945« ein. Dieser Antrag, die Vorkommnisse im Landtag zu Jahresbeginn 2005 und die Broschüre »Dresden. Erinnern. Dokumentation der Debatte über den ›Bomben-Holocaust‹ im Sächsischen Landtag aus Anlaß der Zerstörung Dresdens vor 60 Jahren« prägen noch heute das Bild über die sächsische NPD-Landtagsfraktion. Diese Broschüre ist heute nicht mehr auf den Internetseiten der Fraktion abrufbar. Sie findet keinerlei Erwähnung mehr. Die Ergebnisse der Arbeit der der vom Dresdner Oberbürgermeister 2004 eingesetzten Historikerkommission zur Erforschung der tatsächlichen Opferzahlen des Bombenangriffs auf die sächsische Hauptstadt werden von der NPD als »Auftragsforschung« abgetan. Die Zahl von maximal 25000 Todesopfern bei 18000 gesichert nachgewiesenen wird unverhohlen als Schwindel bezeichnet. Natürlich arbeitet die NPD an einer Umdeutung der Geschichte. Doch auch damit ist sie keineswegs isoliert. Als Jürgen Gansel im Landtag vom »Bombenholocaust« sprach, ging ein Aufschrei der Empörung durch die Republik. Die Empörten blendeten aus, dass der Begriff nicht von Gansel selbst geprägt worden war, sondern dass dieser den Autor Jörg Friedrich mit seinem bereits 2002 erschienenen Band »Der Brand« zitiert hatte. Friedrichs Formulierung hatte keinen Sturm der Entrüstung ausgelöst. Sein Band war vielmehr wochenlang auf den Bestsellerlisten zu finden. Und natürlich fehlte er im Vorfeld des 13. Februar in keinem Schaufester einer Buchhandlung in Dresden. Die Stadt hatte sich selbst als Opfer stilisiert. Ob sie es wollte oder nicht, die NPD wurde zu ihrem natürlichen Sprachrohr. In diesem Klima fällt es naturgemäß schwer, Widerstand gegen den jährlichen Nazi-Großaufmarsch zum 13. Februar zu entwickeln.

Zu den klassischen Themen einer Partei der extremen Rechten gehören Rassismus und Ausländerfeindlichkeit. Die NPD wäre nicht, was sie ist, wenn sie nicht auch dazu Anträge gestellt hätte. Dies erfolgt einerseits mit der berühmten Holzhammermethode: »Illegales Untertauchen abgelehnter Asylbewerber im Freistaat Sachsen«, damit es auch die dümmsten verstehen. Die NPD hat aber durchaus auch filigranere Mittel in ihrem Repertoire. Mit dem Antrag »Bundesratsinitiative für eine bundeseinheitliche Erweiterung der Polizeilichen Kriminalstatistik (PKS) um die Täterherkunft« erhoffte sie sich ein mediales Andocken an die öffentlich geführten Debatten um Ausländerkriminalität. Genau darum geht es der NPD auch, wenn sie eine »Bundesratsinitiative zur Änderung des § 4a des Tierschutzgesetzes hinsichtlich des Schlachtens ohne Betäubung« fordert. Wer von den Tierschützern fragt schon nach, wer aus welchen Gründen Tiere ohne so genannte Betäubung schlachtet.

Die parlamentarische Umsetzung des NPD-Wahlkampfslogans »Arbeit zuerst für Deutsche« sucht man allerdings vergeblich. In der Kritik von Hartz IV findet sich zwar die Formulierung »Wir brauchen wieder eine echte Volkswirtschaft, dann gibt es auch Arbeit für alle Deutschen.«, doch klingt dies weitaus weniger fremdenfeindlich. Öffentliche Debatten um Formulierungen und Forderungen der NPD führen dazu, dass sie diese reduziert, neu verpackt oder noch genauer schaut, wie sie die Themen bedienen und dabei Zustimmung aus der »Mitte der Gesellschaft« erzielen kann. Die grundsätzliche Systemopposition bedeutet eben keineswegs, dass die Prozente bei Wahlen als gleichgültig angesehen werden.

Der Schwerpunkt der rassistischen Agitation der sächsischen NPD lag und liegt noch immer auf der Diskriminierung von Flüchtlingen. Die Forderung »Rückkehrpflicht statt Bleiberecht«, die in einem Faltblatt und in einer Broschüre aufgestellt wurde, basiert auf einer einfachen und perfiden Gleichung: durchgeführte Entscheidungen zu Asylanträgen minus Personen als asylberechtigt anerkannt ergibt Rückkehrpflicht, da es sich bei der übergroßen Mehrheit der Flüchtlinge um »Asylbetrüger« handelt. Für das gesamte Bundesgebiet und speziell ebenso für Sachsen kommt die NPD somit auf rund ein Prozent Flüchtlinge, die bleiben dürften. Abgelehnte Asylsuchende seien sofort abzuschieben. Natürlich wird niemand ernsthaft von der NPD erwarten, dass sie eine diskriminierende Asylgesetzgebung, die das Grundrecht auf Asyl faktisch abgeschafft hat und erst dazu führt, dass es nur so eine geringe Anerkennungsrate gibt, kritisiert. Es war doch genau die extreme Rechte, deren wesentlicher Bestandteil die NPD ist, die zu Beginn der neunziger Jahre mit einer beispiellosen Serie von Brandanschlägen und Überfällen ein Klima geschaffen hatte, das einer großen Koalition aus CDU und SPD ermöglichte, genau diese Situation zu schaffen, die die Zuflucht in Deutschland nahezu unmöglich macht.

Allerdings ist die NPD selbst bei ihrem Rassismus nicht konsequent. Da sie die Arbeit in den Ausschüssen vernachlässigt, besonders im arbeitsintensiven Petitionsausschuss, konnte das Bleiberecht für manche Flüchtlinge erreicht werden. Von den Mitgliedern der NPD-Landtagsfraktion im Petitionsausschuss gab es dagegen keinen Widerspruch.

Die NPD reagiert auf Kritik. Die simple Losung »Ausländer raus!« lässt sich in ihrem parlamentarischen Agieren kaum noch finden. Stattdessen lädt sie öffentlich geführte Debatten wie die um die Berliner Rütli-Schule rassistisch auf. Immer wieder führt sie das Beispiel der Eberhard-Klein-Oberschule in Berlin-Kreuzberg an, wo es nach Medienaussagen »kein einziges deutsches Kind mehr gibt«, oder sie beteiligt sich an der Kampagne gegen Plagiate aus China. Ebenso greift sie in die Diskussionen zum EU-Beitritt der Türkei ein.

Vor allem aber gilt es laut Jürgen Werner Gansel, immer und überall die soziale Frage zu nationalisieren. Die plumpe Ausländerfeindlichkeit ist schon vor längerer Zeit zum Ethnopluralismus entwickelt worden: Deutschland den Deutschen, die Türkei den Türken und China eben den Chinesen. Ob Ausländerfeindlichkeit oder Ethnopluralismus – beides ist Rassismus, denn den Menschen wird einen Platz aufgrund ihrer Herkunft zugewiesen. In der bereits erwähnten Handreichung aus der Feder von Jürgen Werner Gansel gibt es als Argumentationshilfe die Fragestellung »Die NPD will die Ausländerrückführung. Was ist mit den Kindern gemischt-ethnischer Beziehungen (Mischlingen)?« Antwort: »Die Mischlinge, die deutsch-nichteuropäischen Beziehungen entstammen, werden das sich renationalisierende Deutschland über kurz oder lang freiwillig verlassen, weil ihnen der nationale Klimawandel nicht passt.« Da läuft es mir eiskalt den Rücken runter. Und die Schuldfrage wird ebenfalls geklärt: »Die Schuld für ihre ziellose Wanderschaft zwischen den Welten und das grausige Schicksal der Heimatlosigkeit haben die Mischlinge dann bei ihren verantwortungslosen Eltern zu suchen und nicht bei den Deutschen, die endlich wieder eine solidarische Volksgemeinschaft sein wollen.« Intern bleibt es also auch bei der NPD bei einem Rassismus, der Übelkeit verursacht. Nach außen, wie zum Beispiel im Sächsischen Landtag, gibt sich die Partei moderater, sucht immer Anknüpfungspunkte in den öffentlichen Debatten und verschärft diese dann ins Unerträgliche. Der Erfolg wird jedoch erst Möglichkeit durch ein von etablierten Politikern und Medien erzeugtes rassistisches und ausgrenzendes Klima, bei dem sich lediglich der Tonfall von der NPD unterscheidet, nicht jedoch der Inhalt. Im Kampf um die Lufthoheit über den Stammtischen ist der Rassismus längst eine anerkannte und bewährte Waffe.

Es gibt einen Antrag der NPD-Landtagsfraktion, der scheint sogar »ausländerfreundlich« zu sein. In ihm fordert die NPD im April 2006 eine »Soforthilfe für Flutopfer!« für die Betroffenen der Flutkatastrophe Ende 2005 in Südostasien. Woher kommt plötzlich eine solche Solidarität? Ganz einfach. Für diese Soforthilfe sollten die Gelder des Programms »Weltoffenes Sachsen – Für Demokratie und Toleranz« verwendet werden. Aus diesem Programm erhalten zahlreiche sächsische Initiativen Fördermittel für ihre Arbeit. Diese Arbeit gegen Fremdenfeindlichkeit und Rassismus ist der NPD naturgemäß ein Dorn im Auge. Dies erklärt Anträge wie den auf »Verfassungsrechtliche Überprüfung der Bundes- und Landesförderung von Projekten des sogenannten Kampfes gegen Rechts« oder den Antrag »›Antifa‹-Umtriebe stoppen – ›Kulturbüro Sachsen e.V.‹ dichtmachen!«. Das Kulturbüro Sachsen ist der Trägerverein der Mobilen Beratungsteams. Der Kampf gegen alles, was sich gegen die NPD und andere Kräfte der extremen Rechten engagiert, ist für die Nazis seit ihrem Einzug in den Sächsischen Landtag ein wesentliches Thema. Bereits ihr allererster Antrag im Sächsischen Landtag bediente dieses Thema: »Linksextremistische Krawalle in den Innenstädten von Dresden und Leipzig im Anschluss an eine von PDS-Landtagsabgeordneten angemeldete Demonstration in Pirna am 27. 11. 2004« Im Juli 2007 versuchte die NPD-Landtagsfraktion mittels eines Dringlichkeitsantrages die »Missbilligung der Ernennung von Herrn Bernd Merbitz zum kommissarischen Landespolizeipräsidenten« zu erreichen. Bernd Merbitz war früher Chef der SOKO REX in Sachsen und hat sich einen Namen dadurch gemacht, dass er auf dem rechten Auge alles andere als blind ist. Inzwischen ist er nicht mehr nur kommissarisch Landespolizeipräsident.

Unter der Überschrift »Die ganz linke Tour« hat die NPD-Landtagsfraktion mit dem Slogan »Wie im Freistaat Sachsen versucht wird, ›Toleranz und Demokratie‹ mit Hilfe von Linksextremisten durchzusetzen« eine Broschüre zusammengestellt. Diese musste neu gedruckt werden, weil bei der Verwendung von Bildern Persönlichkeitsrechte verletzt worden waren. Falschaussagen wurden allerdings nicht berichtigt. Beworben wird diese Broschüre auf den Internetseiten der NPD-Landtagsfraktion mit Worten, die aus dem Vorwort »Antifaschismus als Sicherung des Herrschaftsmonopols« von Gansel stammen. »Das Phänomen ›Antifaschismus‹ auf sogenannte Antifa-Gruppen zu begrenzen, wäre grundfalsch. Diese Gruppen sind nur die Hilfstruppen der Herrschenden zur Verhinderung einer nationalen Opposition. Die grundlegende Funktion des Antifaschismus ist die eines politischen Tabuwächters, der die bestehenden Herrschaftsverhältnisse abzusichern hat. Und diese Funktion weist über die Gruppen der gewalttätigen Antifa am linksextremen Rand weit hinaus auf die herrschenden Kreise in der Bundesrepublik Deutschland: Konzerne, etablierte Parteien und Medien.« Antifaschismus wird als Systemprodukt gegen die »nationale Opposition« und zum Schaden des »deutschen Volkes« interpretiert. Teile der antifaschistischen Bewegung werden kriminalisiert, die angebliche Geldverschwendung durch Förderprogramm angeprangert. Im Freistaat Sachsen gibt es ein einziges solches Programm, das bereits erwähnte »Weltoffenes Sachsen für Demokratie und Toleranz«. Ausgestattet ist es mit der Summe von zwei Millionen Euro jährlich. Nur ein Teil davon fließt in die Arbeit vor Ort, ein nicht unbeträchtlicher Anteil ist der Öffentlichkeitsarbeit und ähnlichen Aufwendungen vorbehalten. Verständlicherweise ist auch diese Summe der NPD noch viel zu hoch. Zur besseren Einordnung dieser Zahlen biete ich einen kleinen Vergleich an: nur für die Arbeit der Fraktion, ohne Entschädigungen für Abgeordnete und deren Mitarbeiter, erhielt die NPD in Sachsen aus dem Staatshaushalt im Jahr 2005 genau 1.417.960,00 € und 2006 1.334.660,00 €, da sich inzwischen die Fraktionsgröße verringert hatte. Der Vollständigkeit halber sei auch noch angemerkt, dass die Fraktion im Landtag Räume, Möbel, Technik, Tiefgarage, Telefon, Internet und dergleichen kostenlos nutzt.

Die NPD im Sächsischen Landtag macht um keinen Themenkomplex einen Bogen. Sie bedient ihre Klientel, wenn es gegen Ausländer, die EU und Linke geht. Sie bringt sich in aktuelle Probleme des Landes ein, weil auch ihre Wählerinnen und Wähler sich dafür interessieren. Mit insgesamt zehn Anträgen widmete sich die NPD-Landtagsfraktion in den letzten Jahren den Fragen der Unregelmäßigkeiten bei der Sächsischen Landesbank und ihrem weit gefächerten Umfeld. Ihre Broschüre »Die Sachsen LB. Von der Förderbank zur Zockerbank« trägt den Untertitel »Von der Illusion des ›Global Players‹ zum Bankrott. Die Geschichte einer missbrauchten Bank.«

Das Detailwissen, das sie NPD dabei an den Tag legte, verwunderte so manchen. Einerseits hat der NPD-Fraktionsmitarbeiter Arne Schimmer sein Handwerk gelernt. Immerhin ist er studierter Volkswirt und war selbst im Finanzsektor tätig. Andererseits ist es auch nicht für verwunderlich, dass eine Partei, die mit 9,2 % der Wählerstimmen in den Sächsischen Landtag gewählt worden ist, einen (oder mehrere) Zuträger aus Bankenkreisen hat. Warum sollten ausgerechnet Banker immun gegen die extreme Rechte sein? Das Desaster der Sächsischen Landesbank entwickelte eine rasante Dynamik und wurde breit diskutiert. Für die NPD bot diese Aufmerksamkeit die Gelegenheit, die »politische Klasse« wieder einmal insgesamt zu diskreditieren, da die Parteienvertreter im Aufsichtsrat versagt hätten und es Verflechtungen zwischen Politik und Finanzmanagement gegeben habe. Interessenkollisionen hätten eine wirksame Kontrolle verhindert. Diese Behauptungen mögen sogar zutreffen. Ob dies der Fall ist, prüft ein Untersuchungsausschuss.

Für die NPD allerdings steht das Ergebnis bereits heute fest.

Ich will nicht dämonisieren. Selbstverständlich ist auch die NPD in ihrer Arbeit keineswegs perfekt. Manchmal sogar im Gegenteil. Meine Freude ist in solchen Fällen keineswegs eine nur klammheimliche. Eine sichere Adresse für die Abteilung »Pleiten, Pech und Pannen« ist der Zwickauer NPD-Abgeordnete Peter Klose. So erkundigte er sich mittels einer Kleinen Anfrage am 20. Juni 2007 aufgrund von Zeitungsberichten über eine U-Bahn-Linie in Zwickau, nach deren Finanzierung, der Bauzeit, den Einschränkungen und nach den zu erwartenden Fahrpreisen. Die Staatsregierung konnte zwar nicht die erwünschten Antworten liefern, leistete aber einen Beitrag zur Aufklärung des Sachverhaltes: »Möglicherweise beziehen sich die angeführten Berichte auf die 3. Zwickauer Kunst- und Kulturmeile, die vom ›Jugendkunstverein Kontraste e.V.‹ durchgeführt wird und unter dem Motto ›ZwickaUnderground‹ steht. Als Marketinggag sollen dabei am 11. November 2006 auch Meldungen über einen angeblichen U-Bahn-Bau verbreitet worden sein.« Die meisten Menschen schauen genau, was an einem 11. 11. oder an einem 1. April so in der Zeitung steht, aber über ein halbes Jahr später immer noch zu glauben, was andere als Gag in die Zeitung setzten, ist schon ein Beweis dafür, dass man in seiner eigenen abgeschlossenen Welt lebt und den Rest nur selektiv wahrnimmt.

Doch solche Vorkommnisse sind die Ausnahme. Insgesamt ist festzustellen, dass die NPD ihrer programmatischen Ansätze relativ stringent verfolgt. Am deutlichsten wurde dies im Sächsischen Landtag in der Enquetekommission »Demografische Entwicklung und ihre Auswirkungen auf die Lebensbereiche der Menschen im Freistaat Sachsen sowie ihre Folgen für die politischen Handlungsfelder«. Dazu hat die NPD die Broschüre »Die demographische Katastrophe stoppen! Der bevölkerungspolitische Notstand des deutschen Volkes und die familienpolitischen Initiativen der NPD-Landtagsfraktion« vorgelegt. In dem 56-seitigen Heft ist ein 40-seitiger Text enthalten, der alle Positionen der NPD von »Das deutsche Geburtendesaster: ein Volk stirbt aus«, über Müttergehalt bis hin zu »Wille zur Familie – Wille zum Überleben« beinhaltet. Versehen ist das wissenschaftsförmig mit Grafiken und Bildern, einschließlich eines Fotos vom Christopher-Street-Day und der Bildunterschrift: »Parade der Schwulen und Lesben: Die dekadente und lebensfeindliche Gesellschaft schafft sich selber ab.«

Es fehlt nur der Name des Autors. Der ist trotzdem bekannt. Will die NPD etwa keine Diskussion in der Öffentlichkeit darüber, warum sich ausgerechnet ein Schwede so für den Erhalt des »deutschen Volkes« einsetzt? Per Lennart Aae ist wissenschaftlich-parlamentarischer Mitarbeiter der NPD-Landtagsfraktion und wurde von ihr als externes Mitglied für die Enquetekommission benannt. Er leistete dort die eigentliche Arbeit für seine Partei. Im September 2008 hat die Kommission ihren Bericht vorgelegt. Aae hat sich anschließend in der Deutschen Stimme umfassend über die Arbeit der Kommission und ihrer Mitglieder ausgelassen. Inhaltlich klingt das bei Aae folgendermaßen: »Die Lebenskraft des deutschen Volkes ist stark angegriffen, und es wäre falsch, die Lage zu verharmlosen, nicht zuletzt vor dem Hintergrund des unheilvollen Zusammenwirkens der deutschen Geburtenverweigerung und der ethnischen Überlagerung durch fremde Völkerschaften, die zunehmend zu einer familien-, kinder- und bildungsfeindlichen Desintegration der deutschen Gesellschaft führt.« Zur Vorstellung des Berichts gegenüber der Öffentlichkeit ist niemand von der NPD-Fraktion erschienen, obwohl es eine gut besuchte Veranstaltung war. Aae äußerte sich lediglich missbilligend mittels einer Pressemitteilung der NPD-Fraktion am 2. 10. 2008: »Selbst das Wort ›Bevölkerungspolitik‹ aus dem Bericht gestrichen!«

Gut so, sage ich, denn diese Parallelen zur Nazi-Ideologie brauchen wir nicht, wenn es darum geht, den demografischen Wandel zu gestalten. Von den drei Themenfeldern der Kommission, dem Geburtenrückgang, der älter werdende Gesellschaft und der Migration, interessierte Aae nur die »Bevölkerungspolitik«.

In der Anfangsphase der Arbeit der Enquetekommission hatte die NPD noch ein anderes externes Mitglied benannt: Dr. Volkmar Weiss. Im Anhang der NPD-Broschüre darf er sich ebenfalls äußern: »Die großen Städte werden nicht einfach leer, sondern füllen sich zuvor mit anderssprachigen Flüchtlingen aus den Notstandsgebieten aller Weltteile und aller Hautfarben, die – wenn sie so unqualifiziert sind wie die Türken in Berlin – die Städte wirtschaftlich ruinieren, allein schon durch die notwendigen Ausgaben für Sozialhilfe.« Mit derartigen eindeutigen rassistischen Äußerungen hat er die Kommission während der Sitzungen verschont. Stattdessen sinnierte er über die Vererbbarkeit von Intelligenz und beschimpfte aus diesem Grund Hochschulabsolventinnen wegen ihrer Kinderlosigkeit.

Durch eine Kleine Anfrage erfuhr ich, dass er noch im Mai 2007 Leiter der Abteilung Deutsche Zentralstelle für Genealogie/Sonderbestände in Leipzig war. Diese gehört zum Staatsarchiv des Freistaates Sachsen. Trotz seiner Arbeit für die NPD-Fraktion lagen der Staatsregierung zu seiner Person keine Erkenntnisse über Verbindungen zur extremen Rechten vor. 2007 hat Volkmar Weiss ein Buch veröffentlicht, bei welchem im Klappentext folgendes zu lesen ist: »Artam – ein Reich, eine Rasse, ein zehnter Führer, ... In Reichsburg, der Hauptstadt ..., lebt Adrian Schwarz, Obersturmbannführer des Schwarzen Korps und Mitarbeiter im Reichssippenamt ... Schickt der Führer Adrian wegen Rassenschande in die Verbannung? Oder reißen zuvor die islamische Handschar, die keine Rassen kennen, die Macht durch einen Militärputsch an sich?«

Ich fragte die Staatsregierung auch, welche Erkenntnisse sie über extremistische Positionen in dieser in Romanform gehüllten politischen Schrift hat. Antwort der Staatsregierung: »Keine.« Wahrscheinlich hätte ich dem Landesamt für Verfassungsschutz das ganze Buch schicken müssen. Angesichts der »Qualität« dieses Geheimdienstes halte ich es jedoch für unwahrscheinlich, dass ich selbst nach dieser Maßnahme eine sinnvolle Einschätzung bekommen hätte.

Die Besetzung der Enquetekommission hat bei der NPD sehr stark gewechselt. Zuerst waren Klaus Baier und Johannes Müller als Landtagsabgeordnete vertreten, dann musste Baier gehen und die NPD verlor einen Platz. Später wechselte auch noch Müller und Gitta Schüßler ersetzte ihn. Viele Mitglieder der Enquetekommission sind im Laufe der drei Jahre, die sie gearbeitet hat, Mütter beziehungsweise

Väter geworden. Ebenso Johannes Müller. Entgegen der sonstigen Gepflogenheiten der NPD wurde seine Vaterschaft allerdings nie erwähnt, wahrscheinlich weil sich die Mutter von ihm getrennt hatte und er sein Umgangsrecht erst einklagen musste. Die NPD hätte unter diesem Gesichtspunkt doch lieber ihren Vorsitzenden Holger Apfel persönlich in diese »fruchtbare« Kommission schicken können, denn im Laufe seiner Mitgliedschaft im Landtag hat er es mit seiner Frau Jasmin schon zu drei Kindern gebracht: Kilian, Svenja und Lars Friedrich. So etwas wird dann jeweils in der »Deutschen Stimme« von Familie Apfel annonciert. Die Annonce zu Lars Friedrichs Geburt wurde unter folgenden Leitspruch gestellt: »Eines steht groß in den Himmel gebrannt: Alles darf untergehn! Deutschland, unser Kinder Vaterland, Deutschland muß bestehn!«

Von allen NPD-Mitgliedern der Kommission hat sich nur Aae richtig engagiert, obwohl die Enquetekommission aber auch Gegenstände behandelt hat, die sonst sehr wohl ins Agieren der NPD passen, auch wenn sie nichts mit »Bevölkerungspolitik« zu tun haben. Die Gewährleistung gleichwertiger Lebensverhältnisse in allen Regionen wird derzeit in Frage gestellt. Sachsen betreibt eine »Leuchtturmpolitik«, Schwerpunkte werden gefördert und die sollen dann auf den Rest des Landes ausstrahlen. Die Entwicklung der letzten 20 Jahre lässt aber große Zweifel am Erfolg einer solchen Politik aufkommen. Es gibt ganze Regionen, wo es eigentlich nichts mehr gibt. Keine Arbeitsplätze, keine Schule, keine Einkaufsmöglichkeiten, keine Kultur- und Jugendeinrichtungen, … und keine Hoffnung auf eine bessere Zukunft. Die Menschen, die dort leben, sind geblieben. Ihr

Lebensumfeld wird von der Politik mit Umschreibungen wie »Entleerungsräume« bedacht. Es handelt sich um im Wortsinne abgeschriebene Regionen, wo niemand mehr etwas investiert. Wer die Möglichkeit dazu hat, zieht weg. Eine funktionierende Zivilgesellschaft sucht man vergebens, sie besteht längst nicht mehr. Selbst der Pfarrer zieht am Sonntag von Ort zu Ort und hält mehrere Gottesdienste ab. Ansprechpartner der SPD oder Bündnis 90 / Die Grünen findet man kaum.

Aber immer häufiger die NPD. Wenn dort ein weiterer noch existierender Betrieb geschlossen werden soll, ist die NPD vor Ort. Wenn sich dort Jugendliche an einer zerfallenden oder mit zweckgebundenen Fördermitteln frisch errichteten Bushaltestelle treffen, dauert es nicht lang und die »Kameraden« nehmen Kontakt auf. Wenn sie dort beim Volksfest ein wenig »für Ordnung sorgen«, regt sich niemand auf. Am Deutlichsten zeigt sich eine derartige Entwicklung in den letzten Jahren in Ostsachsen, in der Oberlausitz. Dieses Gebiet grenzt im Osten an Polen, nördlich an das Bundesland Brandenburg und im Süden an die Tschechische Republik. Es besteht aus zwei großen Flächenkreisen, Görlitz und Bautzen. Traditionell wurde hier Braunkohle im Tagebau gefördert. Diese Zeiten sind nun vorbei, was einerseits zu großer Arbeitslosigkeit führte und andererseits inzwischen Naturschützerherzen höher schlagen lässt. Die Wölfe werden nämlich wieder heimisch. Die Menschen wandern ab und die Wölfe kommen. Ein trauriges Bild.

Die NPD hatte dort lange Zeit kaum Strukturen. Ihre Wahlergebnisse machten aber deutlich, dass sie dort ein erhebliches Potential hat. Der ortsfremde Landratskandidat der NPD im Landkreis Görlitz erhielt im Juni 2008 mehr Stimmen als der eingesessene SPD-Kandidat. Die NPD und die Freien Kräfte sind vor Ort. Sie thematisieren die Betriebsschließungen. Sie sprechen die Jugend an. Sie knüpfen an vorhandene Vorurteile an. Egal, ob es sich dabei um »Ausländerkriminalität durch Grenzöffnung« handelt oder eine unter der Oberfläche latent vorhandene antisorbische Haltung. Die Sorben sind dabei für die extreme Rechte keineswegs nur eine ethnische Minderheit. Sie sind in deren Augen zuallererst Slawen, sind somit Teil eines sehr alten Feindbildes. Und am Stammtisch lässt sich recht einfach Zustimmung ernten, wenn man in die Diskussion wirft, dass kaum Fördermittel in die Region zur wirtschaftlichen Ansiedlung fließen, aber die Sorben für ihre Kultur und Sprache finanzielle Unterstützung bekommen. Dies ist eine gefährliche Gemengelage.

In der »Grundsatzerklärung des Ministerpräsidentenkandidaten der NPD-Fraktion im Sächsischen Landtag Uwe Leichsenring«, die zwar nie gehalten wurde, aber dafür im Internet nachzulesen war, werden die Sorben sogar extra erwähnt. Nachdem betont wurde, dass »Sachsen ein Land in Deutschland ist und die Regierung sich selbstverständlich in erster Linie den Deutschen in diesem Land verpflichtet zu fühlen hat«, folgt der Satz: »Den Sorben, die historisch gleichfalls als autochthone Bevölkerungsgruppe in Sachsen gesehen werden können, wird sich meine Regierungspolitik ebenso verpflichtet fühlen.« Das könnte positiv interpretiert werden, hinterlässt aber Zweifel. Es heißt eben »gesehen werden können« und nicht einfach »sind«. Und sie rangieren ganz klar nach den »Deutschen«. Ich möchte gar nicht wissen, welche Regierungspolitik Uwe Leichsenring und seine NPD in Bezug auf die Sorben an den Tag gelegt hätten. Die historischen Vorbilder lassen da wenig Gutes erahnen.

Diese abgeschriebenen Regionen wie die Lausitz sind kein reines Ostphänomen. Sie gibt es auch in alten Bundesländern. Und sie lassen sich keineswegs auf den ländlichen Raum reduzieren. Es gibt sie als Viertel oder einzelne Straßenzüge in jeder Großstadt. In diesen abgeschriebenen Regionen engagieren sich die NPD oder auch andere Kräfte der extremen Rechten, dort fallen ihre einfachen Lösungsangebote auf fruchtbaren Boden. Wo Perspektiv- und Hoffnungslosigkeit herrschen, ist es schwer mit Programmen für mehr »Demokratie und Toleranz« einen Wandel in den Einstellungen zu erreichen. Demokratie heißt nicht nur wählen gehen. Demokratie heißt zunächst Mitbestimmung und dann Selbstbestimmung.

Die Menschen in diesen Regionen fühlen sich selbst abgeschrieben. Wer kümmert sich um sie? Ja, sie sollen sich selber um sich selbst kümmern, aber wenn nicht? Die NPD geht auf sie ein, sie ist dort vor Ort. Sie trägt Einzelfragen in den Landtag, wo andere sich schon längst auf die Nachfrage bei der zuständigen Behörde beschränken. Die NPD bringt Flugblätter zu dem konkret von Schließung bedrohten Betrieb unter die Leute, wo andere überlegen, wie sie noch allgemeiner formulieren können, weil in absehbarer Zukunft weitere Betriebe betroffen sein werden. Es bedarf eines gemeinsamen Kraftaktes, um gegen diese Entwicklung anzukämpfen. Die personell schlechte Verankerungen mancher demokratischer Parteien in den ländlichen Bereichen ist eine schlechte Ausrede, denn die NPD-Landtagsfraktion hat sich zum Beispiel auch mit Flugblättern dem Problem Dresdner Dynamo-Stadion gewidmet und in Leipzig ein Faltblatt mit der Überschrift »Kein ›China Town‹ im Leipziger Osten!« verteilt, obwohl sie in beiden Städten personell schwach aufgestellt ist. Dass es unter den Dynamofans auch solche mit rechter Gesinnung gibt, ist kein Geheimnis, und dass die NPD gerade in Leipzig bewusst Ausländerhetze betreibt, wird niemanden überraschen. Dort, wo die demokratischen Parteien, diesem Vordringen nicht offensiv begegnen, wird die NPD erfolgreich sein.

»Wir vergessen nichts!«

»Sehr geehrte Frau Köditz, An uns wurde heran getragen, das sie es sich zur Aufgabe gemacht haben, verfassungsfeindliche Organisationen durch ihr persönliches Engagement entgegenzutreten. Sollten diese Informationen zu ihrer Person der Wahrheit entsprechen, möchten wir sie auf diesem Weg darauf hinweisen diese Aktivitäten einzustellen. Sollte in Zukunft ihre Person im Zusammenhang mit den oben genannten Sachverhalt wiederholt in Verbindung gebracht werden, sind wir zu weiteren Schritten gezwungen. Da dies nicht unsere Absicht ist apellieren wir hiermit an ihre Vernunft und wünschen Ihnen und ihrer Familie ein gesundes und langes Leben.« (Rechtschreibung und Grammatik wie im Original.)

Dieser Brief hatte weder Absender noch Unterschrift. Die Post versah ihn mit einem Stempel vom 13.06.2003. Zu diesem Zeitpunkt war ich noch keine zwei Jahre Mitglied des Sächsischen Landtages und dort frauenpolitische Sprecherin der PDS-Fraktion. Antifaschistisch engagierte ich mich hauptsächlich im lokalen Raum. In der Region gab es damals zum Beispiel in den Städten Bad Lausick und Wurzen mehr als genügend zu tun. Die Polizei beziehungsweise die Staatsanwaltschaft hat die Ermittlungen zu diesem Brief schon lange eingestellt. Meine persönliche Vermutung, dass dieser Drohbrief im Zusammenhang mit einer Anzeige wegen Volksverhetzung gegen einen Versandhandel der extremen Rechten stand, wurde durch die Behörden nicht ausgeräumt. Meine eigene Gesundheit und die meiner Familie war seitdem keinen besonderen negativen Einflüssen von außen unterworfen. Ich habe mich keineswegs dazu hinreißen lassen, mein antifaschistisches Engagement einzuschränken. Seit 2004 bin ich Sprecherin für antifaschistische Politik unserer Fraktion im Landtag. Selbstverständlich gab es weitere Drohungen und Angriffe. Noch heute ärgert es mich, dass Unbeteiligte die Hauptleidtragenden waren. Wenn das Haus, in dem sich neben Wohnräumen auch mein BürgerInnenbüro befindet, angriffen wird, dort Scheiben zerschlagen, Türen demoliert und beschmiert werden, beweist mir dies, wie unüberlegt und ohne Rücksicht auf Unbeteiligte vorgegangen wird.

Als Landtagsabgeordnete genieße ich einen besonderen Schutz. Öffentliche Bekanntheit ist ein weiterer, nicht unwesentlicher Sicherheitsfaktor. Anderen geht es weniger gut. Insbesondere im ländlichen Raum konzentrieren sich die körperlichen Angriffe mittlerweile hauptsächlich auf Andersdenkende und Andersaussehende. In Sachsen gibt es kaum Menschen mit Migrationshintergrund, in den ländlichen Regionen ist der Anteil noch geringer. Auch deshalb wohl sind in den Statistiken unter »Politisch motivierter Kriminalität – rechts« immer mehr »Deutsche« als Opfer zu finden. Schaut man dann auf die konkreten Fälle, sind es in erster Linie junge Menschen, die nicht rechts sein wollen. Das reicht bereits, um von Nazis angegriffen zu werden.

Monatlich erfrage ich im Sächsischen Landtag mittels Kleiner Anfragen Straftaten im Phänomenbereich »Politisch motivierte Kriminalität – rechts«. Die Listen, die dann als Antwort kommen, sind jeweils recht lang und leider häufig sehr unergiebig. Im Interesse der Opfer wäre es notwendig, permanent die vorliegenden Angaben zu hinterfragen und zu konkretisieren. Alljährlich sind die Zahlen der Hilfesuchenden bei den Opferberatungsstellen höher als die der Innenministerien. Das Argument, dass die Polizei im Gegensatz zur Opferberatung nur angezeigte Fälle erfassen kann, ist eine unzureichende Erklärung, denn Opferberatungsstellen differenzieren selbst. Ich mag den üblichen Spruch zu Statistiken überhaupt nicht, dass man nur jenen, die man selbst gefälscht hat, glauben soll. Wenn es um Straftaten gegen Leib und Leben geht, verbieten sich billige Scherze. Die vorliegenden Angaben sind für mich vor allem ein erstes, aber deutliches und nachweisbares Bild für die Situation in diesem Bereich. Ansonsten gibt es zu viele Faktoren, die die Erfassung komplizieren. Wird die Straftat als solche erkannt und angezeigt? Wird eine Hakenkreuzschmiererei überhaupt noch als ein Problem registriert, wird sie als Darstellung eines verfassungswidrigen Symbols oder nur als Sachbeschädigung gewertet? Werden Beschimpfungen oder

Übergriffe unter »politisch motiviert« eingeordnet oder zum Beispiel als Streit unter Jugendlichen abgetan?

Für das erste Halbjahr 2006 habe ich alle Vorkommnisse mit dem Verdacht auf Körperverletzung genauer analysiert. In diesem halben Jahr wurden in Sachsen 38 derartige Fälle mit insgesamt fünf Schwer- und 37 Leichtverletzten registriert. Den genauen Tathergang kann niemand aus der tabellarischen Darstellung der üblichen monatlichen Angaben nachvollziehen. Bei den Angaben zum Tathergang liegen nur Formulierungen vor wie »Gegenstand, in/an Deutscher, Grundstück«, »in/an Straße; Öffentlichkeit, Deutscher«, »in/an Ausländer, Spielplatz« oder »in/an Deutscher, Bahn AG«.

Aufgrund der Nachfragen wurde dann zum Beispiel aus »schlagen in/an Deutscher; Parole mündlich; Jugendclub« mit zwei Leichtverletzten folgender Tathergang: »Zwei unbekannten Tatverdächtigen liegt zur Last, am 22. April 2006 einen Jugendklub in Leipzig betreten, Teile der Einrichtung beschädigt und mit einer Tischplatte in Richtung des Geschädigten geworfen zu haben. Die Platte traf ihn schmerzhaft am Knie.« Und was war mit dem zweiten Verletzten? Und was für Parolen? Ein halbes Jahr später waren die Tatverdächtigen noch nicht ermittelt. Die Zuordnung in den Phänomenbereich »Politisch motivierte Kriminalität – rechts« erfolgte laut Sächsischer Staatsregierung, »da sich die Tat gegen Besucher einer ›linken‹ Veranstaltung richtete.«

Sehr häufig erfolgt die Zuordnung ganz einfach aufgrund des Merkmals »Konfrontation/politische Einstellung – gegen links«, so auch bei einer Tat am 24. Februar 2006 in

Neustadt mit drei Leichtverletzten. Zuerst hieß es zum Tathergang in der tabellarischen Aufstellung nur »in/an Deutscher«. Nachgefragt liest es sich folgendermaßen: »Drei Beschuldigten liegt zur Last, am 24. Februar 2006 in Neustadt drei Jugendliche im bewussten und gewollten Zusammenwirken verfolgt, geschlagen und getreten zu haben, wodurch diese verletzt wurden.« Und laut Staatsregierung sind die drei Beschuldigten bereits mehrfach mit einschlägigen Delikten in Erscheinung getreten.

Für den 4. April 2006 fand sich in der Auflistung eine Straftat mit Verdacht auf Körperverletzung bei sieben Leicht- und einem Schwerverletzten. Als Tatort war Rochlitz angegeben und der Tathergang mit den Worten »Deutscher, Straße; Öffentlichk.« beschrieben. Meine Nachfragen vor Ort stießen ins Leere. Niemand wusste etwas über einen solchen Vorfall. Durch die Nachfrage stellte sich heraus, dass der Tattag durch Eingabefehler falsch im Datensystem erfasst wurde. Zum genauen Tathergang hieß es nun: »Am 4. Juni 2006 schlugen ca. 20 Personen auf einem Dorffest im Rochlitzer Ortsteil Breitenborn auf anwesende Gäste des linken Spektrums sowie andere einschreitende Gäste ein. Es wurden zehn Personen verletzt, eine davon schwer.« Angaben zum politischen Umfeld oder der Übereinstimmung des Wohnortes mit dem Tatort der Verdächtigten wollte die Staatsregierung nicht machen, weil sie den Ermittlungserfolg nicht gefährden wollte. Inzwischen sind die Zusammenhänge bekannt. Der Angriff erfolgte aus dem Umfeld der damals noch nicht verbotenen Kameradschaft »Sturm 34«. Ein Täter, dem Körperverletzung in acht Fällen bei diesem Überfall sowie weitere bei einem anderen Überfall, nachgewiesen werden konnten, wurde zu einem Jahr Haft auf Bewährung verurteilt. Eine keineswegs ungewöhnliche Milde der Justiz bei Straftätern aus dem Neonazi-Spektrum.

Die Debatte um so genannte »No-Go-Areas« betrachte ich mit gemischten Gefühlen. Ich will keineswegs bestreiten, dass es Zonen in meinem Bundesland gibt, die man als Mensch mit fremdem Aussehen oder als Punk nur mit besonderer Vorsicht oder in Begleitung besuchen sollte. Doch wenn eine bestimmte Region nicht als solche »No-Go-Area« gilt, bedeutet dies nicht, dass man sich dort gefahrlos bewegen könnte. Oft hängt es lediglich von der Tageszeit ab, ob man sich in einer »No-Go-Area« befindet. Oder von dem Umstand, dass gerade ein Dorffest stattfindet.

In dem Zeitraum, für den ich genauer nachgefragt hatte, waren die meisten Delikte mit dem Verdacht auf Körperverletzung aus den Großstädten Leipzig und Dresden gemeldet worden. Beide Städte bleiben auch dann ein deutlicher Schwerpunkt, wenn man die Fußballweltmeisterschaft mit ihren Spielen in Leipzig sowie das jeweilige rechte Demonstrationsgeschehen am 11. Februar in Dresden und am 1. Mai in Leipzig berücksichtigt.

Viele Tatorte liegen im Wirkungsbereich der damals bereits verbotenen Kameradschaft »Skinheads Sächsische Schweiz« sowie im Aktionsradius der Kameradschaft »Sturm 34«. Aber was ist mit Eilenburg, Freiberg oder Zwickau? Diese Städte hat 2006 kaum jemand als besonders problematisch auf der Agenda gehabt. Wir wissen allerdings um das Bedrohungspotenzial auch in diesen Orten. Die Einheimischen können die so genannten »No-Go-Areas«

schlecht meiden. Es ist ihre Heimat. Sie leben dort und sie werden dort zu Opfern. Es gibt in Sachsen weite Landstriche, die für junge Menschen alles andere als attraktiv sind. Warum aber soll man ausgerechnet dort bleiben, wo man angegriffen wird, wo Rassismus, Fremdenfeindlichkeit und Intoleranz auf der Tagesordnung stehen?

Gewalt gegen Andersdenkende erfolgt selten zufällig. Nicht zuletzt die im Oktober 2008 gehackten und für wenige Stunden Online gestellten Seiten der im Jahre 2000 verbotenen militanten Organisation »Blood and Honour«, die sonst nur internen Nutzern zugänglich waren, verdeutlichen diese Behauptung. Im »Anti-Antifa – Redwatch Bereich« dieses Forums findet sich eine umfangreiche Liste von Personen mit Adressen und persönlichen Angaben. Mit den Worten »Wir vergessen nichts!!!« endet die Eintragung zu einem Bürgermeister einer norddeutschen Kleinstadt. Erwähnt werden seine Adresse und seine Telefonnummer. Sein Alter wird auf zirka 50 Jahre geschätzt, seine Größe wird mit 1,80–1,90 Meter angegeben. Es folgt die Beschreibung: »Groß/Fette bzw. Kräftige Statur, graue Haare, Brillenträger«, Name der Frau, PKW-Kennzeichen und die Beschreibung »Grosses Auto (Grün)«. Dem Bürgermeister werden seine Aktivitäten gegen die »Nationale Szene« der Stadt zum Vorwurf gemacht. Er hatte Platzverweise gegen 14 Mitglieder der Szene ausgesprochen und eine »Nationale Demonstration« gegen ein Rock-gegen-Rechts-Konzert verboten.

Ähnlich umfassende Angaben oder auch kürzere finden sich für Journalisten, Lehrer, im Jugendsozialbereich Tätige und natürlich in der antifaschistischen Szene Aktive. Bilder werden ins Netz gestellt, damit Menschen identifiziert werden können. Da werden Telefonnummern mit den Worten »Erbeutet nach Demo aus einem Anarchisten Handy.« angeboten. Welchem Zweck dies alles dient, kann man leicht diesem widerlichen Internetforum entnehmen. Meine Landtagskollegin Julia Bonk ist ebenfalls als Zielperson dieser Anti-Antifa erfasst. Ein Nutzer, der sich »Nationalfighter« nennt, schrieb: »Hoffentlich passiert der netten Dame in der Zukunft nicht so schnell ein Unfall oder gar schlimmeres. Für Adresse und Telefonnummer siehe Anti-Antifa Thema!«. Dort sind Adresse und Telefonnummer selbstredend komplett zu finden. Der sächsischen Innenminister wiegelt auch in diesem Fall ab. »Medienberichten zufolge sollen bei dem Hackerangriff außerdem von B & H-Anhängern gesammelte Informationen über politische Gegner offen gelegt worden sein. Darunter sollen sich auch persönliche Daten der Abgeordneten Julia Bonk befinden, von ›Mord-Drohungen‹ ist die Rede. Bislang können die Medienberichte durch die Auswertung der Daten seitens des BKA nicht bestätigt werden.« Ich kann im Interesse der vielen Menschen, deren Daten auf diesen Internetseiten stehen, nur hoffen, dass sich diese Einschätzung des BKA nicht darauf stützt, dass Julia Bonk mittlerweile eine neue Adresse und Telefonnummer hat. Diese verbotene Organisation »Blood and Honour« ist, wie nicht nur die gehackten Seiten zeigen, weiterhin sehr aktiv. Dass sie zu Recht verboten ist, zeigen die selbst gewählten Nutzernamen wie »JudenVergaser«, »NS-Freak«, »Wolfsschanze«, »Zeckenkiller« oder »Oitanazi«.

Im Umgang mit den politischen Gegnerinnen und Gegnern geht es bei den Nazis keineswegs gleich immer um körperliche Gewalt. Es gibt auch Strategien, die strafrechtlich aber kaum geahndet werden können. Dazu gehört die Verunsicherung von Menschen, indem man ihnen das Gefühl gibt, permanent beobachtet oder gar verfolgt zu werden, ihr persönliches Umfeld ganz genau zu kennen.

Ich selbst habe Erfahrungen mit dieser Strategie sammeln dürfen. Nur ein Beispiel: Die Leipziger Buchmesse erfreut sich alljährlich eines täglichen Besucherandrangs zehntausender Menschen. Eine Menge, in der man nur selten ein bekanntes Gesicht registriert. Plötzlich stürzte im vergangenen Jahr ein Mann mittleren Alters, bürgerlich gekleidet und eher unauffällig, auf mich zu und gratulierte mir zu meinem Geburtstag, den ich an diesem Tag tatsächlich feierte. Ich kenne diesen Mann, würde ihn aber mit Sicherheit niemals zu meinem Geburtstag einladen. So manche Freundin oder guter Bekannter hat meinen Geburtstag vergessen. Aber dieser Mann, Gerd Fritzsche, trifft mich zufällig und ihm ist mein Geburtstag sofort im Kopf. So wie auch schon im Jahr zuvor. Manchmal frage ich mich, ob dieser Mann eine Liste mit den Eckdaten seiner Feinde am Kühlschrank hängen hat und jeden Morgen nachschaut, wer von ihnen heute Geburtstag hat?

Fritzsche kandidierte im März 2006 als Einzelbewerber in der Gemeinde Borsdorf als Bürgermeister. Vielen war er zu dieser Zeit noch ein Unbekannter. Erste Recherchen ergaben das Bild eines umtriebigen Mannes mit Kontakten zu rechten Burschenschaften, der bereits in diversen Zeitschriften der extremen Rechten Artikel veröffentlicht hatte. Als Bürgermeister wählten ihn rund zehn Prozent der Borsdorfer, heute sitzt er als Parteiloser für die NPD im Kreistag des Landkreises Leipzig. Im Oktober 2006 besuchte er mit einigen Gleichgesinnten eine Veranstaltung der PDS, diese musste wegen der Überzahl der anwesenden Neonazis abgebrochen werden. Tage später erhielten etliche Landtagsabgeordnete Post von einer gewissen Katrin Hollenthe. Es stellte sich schnell heraus, dass es sich dabei um ein Pseudonym handelte. Anleihen wurden dafür bei den Gebrüdern Grimm und ihrem Märchen »Die schöne Katrinelje und Pif Paf Poltrie« genommen, dort gibt es zur Katrin die passende Vaterfigur namens Hollenthe.

Den Inhalt der Briefe kann man nicht einfach als Märchen abtun. Ich selbst erhielt ihn nicht. Andere Adressaten erzählten mir von der Post, die sie erhalten hatten. Unterstellungen und Halbwahrheiten werden auf diese Weise verbreitet. Vermeintliche Informationen aus dem Privatleben sind in dem Schreiben enthalten. Die Empfänger können nicht nachprüfen, ob diese stimmen oder nicht. Neben der Tatsache, dass die Betroffenen um ihren Ruf bangen müssen, bleibt oft genug bei so manchem unbeteiligten Empfänger derartiger Briefe der Eindruck, dass man sich im Kampf gegen die extreme Rechte lieber nicht zu sehr engagieren sollte, sonst spionieren sie einem das Privatleben aus.

Als Betroffene gewöhnt man sich schnell an solche Situationen. Man regt sich einmal kurz auf, wenn man wieder einmal durch Kolleginnen so einen Brief zu Gesicht bekommt, gibt eine kurze Erklärung und geht zur Tagesordnung über. Wenn man sich einschüchtern lässt, erfreut man diese Schreiberlinge nur. Neben Briefen gibt es noch Druckerzeugnisse sowie diverse Internetdarstellungen. Einmal habe ich es selbst bis auf das Titelblatt des rechten Blattes

Der Buchheimer gebracht. Außer mir dürfte mich allerdings kaum jemand erkannt haben, denn mein Kopf ist auf dem Foto mit einer Teufelsmaske übermalt. Das Foto von mir hat der Herausgeber, Bernd-Uwe Hubmann, in Mügeln geschossen, als sich auf dem dortigen Marktplatz die Zivilgesellschaft versammelt hatte und neben dem »bedauerlichen Vorfall vor der Pizzeria«, dem rassistischen Ausschreitungen eines Mobs von mehr als fünfzig Bürgern gegen einige Inder, von den Offiziellen vor allem die Medienangriffe gegen die »arme Stadt Mügeln« angeprangert wurden.

Sowohl Herr Fritzsche als auch Herr Hubmann wissen genau, wo sie stehen und wer ihre Freunde sind. Ich gehöre glücklicherweise nicht dazu. Im Landtag kann man Fritzsche ab und zu im trauten Gespräch mit Mitgliedern und Mitarbeitern der NPD-Fraktion sehen.

Bei den Plenarsitzungen im Landtag läuft das alles noch viel diffiziler ab. Da wird verbal attackiert, ganz überraschend und auf die konkrete Zielperson bezogen. Man belässt es bei Andeutungen, die nicht justiziabel sind. Die angegriffene Person ist nicht vorbereitet und entsprechend verblüfft. Nur sie könnte angemessen reagieren, müsste allerdings zumeist erst den Kontext erklären, weil Unbeteiligten die Zusammenhänge nicht klar sein können. Eine Solidarisierung mit dem Opfer ist so nicht möglich.

Ich selbst hatte solche Erlebnisse lange Zeit nicht gehabt. Deshalb war ich ein wenig geschockt, als mich der NPD-Landtagsabgeordnete Uwe Leichsenring in seiner Plenumsrede am 15. März 2006 plötzlich persönlich ansprach: »Aber Sie können ja auch nicht anders, weil Sie im Glashaus sitzen – sonst veröffentliche ich mal die Liste, welche Musiktitel in Ihrem Haus so bestellt werden. Mir liegt eine detaillierte Liste vor, was die Familie Köditz so in Versandhäusern kauft, was da für CDs dabei sind. Da würde sich mal eine Hausdurchsuchung anbieten; bei Gelegenheit werde ich das mal mit veröffentlichen.« Ich habe damals leider nicht reagiert, einerseits war ich wirklich derartig überrascht und andererseits wusste ich selbst nicht genau, was wo »in meinem Haus« bestellt wird, um Material zu Recherchezwecken und Vortragstätigkeiten gegen die extreme Rechte zu sammeln. Die Nachfragen von Kolleginnen und Kollegen in den nächsten Stunden bestätigten mir, dass es der NPD darum ging, mich öffentlich zu diskreditieren und allen anderen zu zeigen, wie gut man über persönliche Belange informiert ist. Andere waren eingeschüchtert, ich habe mich nur über meine Lähmung aufgeregt.

Nach diesem Vorfall hörte ich bei den NPD-Angriffen gegen Einzelpersonen genauer zu. In einer Debatte, in der es darum ging, dass die Polizei ein Kind aus der Kindereinrichtung abholte, um so an die Mutter zu kommen, die abgeschoben werden sollte, verteidigte die NPD das Verhalten der Polizei. Einer Rednerin empfahlen sie, die Frau doch mit zu sich nach Hause zu nehmen. Scheinbar eine ganz normale provokante Aufforderung. Der Subtext der Botschaft, der nur für die Eingeweihten zu entziffern war, lautete: »Frau Kollegin, wir wissen, dass Sie in einer gleichgeschlechtlichen Beziehung leben.« Auch in diesem Fall erfolgte keine Reaktion, denn diese Kollegin sah begreiflicherweise keinerlei Veranlassung, über ihr Privatleben die gesamte sächsische Öffentlichkeit zu informieren.

Nicht zu reagieren, ist manchmal sogar besser, als falsch

zu reagieren. Am 12. Dezember 2007 griff Jürgen Werner Gansel an: »Wenn hier die NS-Keule geschwungen werden muss, dann sollte vielleicht auf die Familiengeschichte des Staatsministers der Justiz eingegangen werden, dessen Vater nämlich Mitglied der NSDAP und der SA gewesen ist. Prof. Gerhard Mackenroth war einer der führenden Bevölkerungswissenschaftler im Dritten Reich, lehrte an der NS-Reichsuniversität Straßburg und unterzeichnete 1933 die Treueerklärung der Professoren für Adolf Hitler.« Nach einigem Zögern reagierte der Minister Geert Mackenroth: »Ich weiß nicht, was ich auf diese völlig unerwarteten Attacken von Herrn Gansel erwidern soll. Ich will Ihnen sagen, dass ich im Jahre 1950 geboren bin, dass mein Vater im Jahr 1955 verstorben ist und ich ihn praktisch nicht gekannt habe, dass ich jedoch keinen Zweifel daran habe, dass mein Vater seine Stellung mit Recht und nach Gesetz ohne Protektion durch Nazis erworben hat und dass ich selbst den Tod meines Vaters im Jahr 1955 auf die monatelange Suche nach seiner im Jahr 1945 vermissten toten ersten Ehefrau zurückführe, die hier in Dresden mit ihren drei kleinen Kindern am 13./14. Februar 1945 umgekommen ist. Dass ich mir und meinem Vater das nicht bieten lasse, steht auf einem völlig anderen Blatt. Ich werde sorgfältig im Protokoll nachlesen, was der ›ordentliche‹ Herr Gansel hier vorgetragen hat. Ich glaube jedenfalls, dass Sie mir nachsehen, dass ich in diesem Moment eine etwas spontane Ehrenerklärung für meinen Vater abgebe.« Eine Ehrenerklärung des Justizministers für seinen Vater, der Mitglied in der NSDAP und SA gewesen war? Da er die Fakten nicht widerlegen konnte, hätte der Justizminister vielleicht doch lieber schweigen sollen, anstatt »eine etwas spontane Ehrenerklärung« abzugeben. Wie man Mackenroths Entgegnung auch beurteilt, sicher ist, dass der Angriff Gansels gewirkt hatte.

Für ihre Attacken hat die NPD einige »Lieblingsfeinde«. Der SPD-Landtagsabgeordnete Prof. Dr. Cornelius Weiss gehört zu dieser kleinen Gruppe. Als ältester Abgeordneter hatte er die erste Sitzung des Sächsischen Landtages nach den Wahlen im September 2004 eröffnet und in seiner Ansprache klare Worte zum Einzug der NPD gefunden. Jürgen Werner Gansel ist es wieder, der ohne Vorwarnung einen überraschenden Angriff startet. Am 10. Juli 2008 zeigte er sich verwundert, dass Weiss nicht in der Debatte zur Leipziger Paulinerkirche sprach und zitierte aus einer Internetseite, dass es Prof. Weiss »als Nachwendedirektor sehr schwer gefallen sei, Wolfgang Natonek zu würdigen, der seine Opposition gegen das SED-Regime mit einer langen Haftstrafe büßte.« Das alles hat wieder wenig mit dem auf der Tagesordnung stehenden Sachverhalt zu tun. Weiss reagierte mit klarstellenden Fakten und verwies im selben Statement auch darauf, dass Wolfgang Natonek aufgrund seiner »jüdischen Abstammung von den Nazis gehindert wurde, ein Studium im Dritten Reich aufzunehmen«. Damit hatte Herr Gansel nicht gerechnet, es gab keinen, wie sonst üblich, Zwischenruf mehr von ihm zum Thema. Aber den Worten von Weiss folgte laut Protokoll »Beifall bei der SPD, der CDU, der Linksfraktion, der FDP, den Grünen und der Staatsregierung«. Dass ist die Antwort, die ich von allen Demokraten erwarte, wenn es derartige Angriffe durch NPD-Abgeordnete im Sächsischen Landtag gibt. Demonstrative Solidarität mit den Angegriffenen.

Leider ist dies die Ausnahme. Normalerweise wird fein unterschieden, gegen wen sich die Angriffe richten und wie man selbst dann reagiert. Gleichzeitig erscheint es mir auch notwendig, dass sich nicht immer die gleichen Abgeordneten mit der NPD im Plenum auseinandersetzen. Die gegenseitige Solidarität muss auch dazu führen, dass die NPD das Gefühl bekommt, es seien nicht nur einige wenige, die sich gegen sie engagieren. Dass sie das trifft, zeigen dann auch ihre Reaktionen. Im September 2007 war ein solcher Vorgang der NPD-Fraktion dann sogar die folgende Passage ihrer Pressemitteilung zum Thema wert: »Während die Entgegnung des SPD-Redners ... überraschend sachlich ausfiel, blieb es ausgerechnet dem Vertreter der Linksfraktion, Horst Wehner, vorbehalten, dieses gerade auch für die Wähler seiner Partei so wichtige Thema mit völlig sachfremden und bizarren Aspekten zu verknüpfen. So bezeichnete Wehner den Antrag der NPD als ›Feigenblatt‹, mit dem die Nationaldemokraten ihre angeblich ›echten‹ Ziele wie ›Rassismus‹ oder ›Führerprinzip‹ verdecken wollten.«

Fühlt sich die NPD angegriffen, findet sie recht schnell den Weg zu den Gerichten. Der Sächsische Landtag gibt alljährlich einen Schülerkalender heraus. Der Kalender für das Schuljahr 2005/2006 war Anlass für ein derartiges Agieren der NPD-Fraktion. Aus einem Schülerwettbewerb wurden dort Plakatentwürfe abgebildet. Auf einem war ein pinkfarbener Stiefel mit Peacezeichen zu sehen, der auf ein Hakenkreuz, SS-Runen und »NPD« tritt. Daneben stand »Faschismus ist keine Meinung sondern ein Verbrechen«. Ein anderes Plakat trug schon den Titel »SPD, CDU, FDP,

(GRÜNE, PDS) gegen NPD und DVU« und zeigte, wie aus einer demokratischen Wolke in den Farben schwarz, rot, gelb ein Blitz mit Parteiennamen bzw. deren Symbolen in eine braune Pfütze mit Hakenkreuz und den beiden genannten Parteinamen einschlägt. Die NPD-Fraktion ließ sich in ihrem Organstreitverfahren dazu vor dem Verfassungsgerichtshof durch den Rechtsanwalt Gerhard Frey jun. vertreten. Der Antrag wurde verworfen. Begründung: »Der in den Plakaten enthaltene Schriftzug ›NPD‹ weist keinen spezifischen Bezug zur organschaftlichen Funktion der antragstellenden Abgeordneten oder zur NPD-Fraktion als Teile des 4. Sächsischen Landtags auf.« (Beschluss des Verfassungsgerichtshofes des Freistaates Sachsen vom 27. Oktober 2005 Vf. 76-I-05 und 77-I-05)

Und morgen?

> »In Ermangelung einer progressiven, auf die aktuellen gesellschaftlichen Bedingungen zugeschnittenen Kapitalismuskritik aber gewinnt die Vorstellung einer ethnisch und kulturell homogenen ›Volksgemeinschaft‹ als vermeintlicher Gegenpol zur kalten, kapitalistischen Gesellschaft an Attraktivität.«
>
> *Andreas Klärner,*
> *»Zwischen Militanz und Bürgerlichkeit«*

Auch ich kann selbstverständlich keine Wahlergebnisse voraussagen. Warum sollte ausgerechnet ich klüger sein als die Demoskopen. Zwar kann ich mich rühmen, dass ich in den letzten Jahren in Sachsen mit meinen Voraussagen kaum daneben gelegen habe, doch hätte ich gern unrecht, wenn ich erkläre, dass ich einen Anstieg der Mandate der NPD zu den Stadt- und Gemeinderatswahlen im Juni 2009 befürchte. Dazu braucht die NPD noch nicht einmal Gewinne. Im Gegensatz zu den Wahlen vor fünf Jahren kann sie jetzt antreten, wo sie will, ohne vorher die lästige Arbeit des Unterschriftensammelns erledigen zu müssen. Sie wird also in weitaus mehr Kommunen kandidieren. In den meisten davon wird das Ergebnis für Mandate ausreichen. Selbst wenn die NPD ein Stück Braunkohle aufstellen sollte, wird es gewählt werden. Im Gegensatz zu den Versicherungen der Universitätsexperten bin ich überzeugt davon, dass die NPD inzwischen über eine stabile Stammwählerschaft verfügt. Dieser zu erwartende Erfolg für die NPD wird leider auch das Landtagswahlergebnis Ende August 2009 in Sachsen beeinflussen.

Aber es wäre verhängnisvoll, die Gefahr von rechts nur an den Wahlergebnissen ihrer wichtigsten Partei zu messen. Gerade durch die so genannten »Freien Kräfte« droht Gefahr für ganze Menschengruppen, für ganze Regionen. Gerade in Sachsen dauert es viel zu lang für die Betroffenen, bis Politik und Behörden auf neue Entwicklungen angemessen reagieren. Strukturen wie das »Freie Netz« können sich damit über einen längeren Zeitraum nahezu ungehindert entwickeln. Sie werden oft einen erheblichen Vorsprung für sich verbuchen können, bevor die ersten Gegenmaßnahmen begonnen werden. Dieses Fehlen von Konzepten wird in der Konsequenz zu einem Anwachsen des Problems sowohl im Bereich der betroffenen Fläche, wie auch der Personen und der Zahl der Aktionen führen. Bürgermeister und Stadträte, die in der Vergangenheit in einem geringeren Umfang auf die Gefahr von rechts reagieren mussten, weil sie in ihrem jeweiligen Ort weniger offensichtlich war, werden mit dem üblichen Unsinn reagieren. Sie werden fordern, den Naziaufmärschen mit Ignoranz zu begegnen. Sie werden erklären, man müsse den Extremisten von links wie rechts gleichermaßen entschieden begegnen. Sie werden verkünden, dass der Jugendclub des Ortes für alle offen sein müsse. Die links und die rechts orientierten Jugendlichen sollten sich doch zusammensetzen, ihre Probleme untereinander klären und dann friedlich miteinander leben. Sie werden alle, aber auch alle Fehler begehen, die andere Bürgermeister vor ihnen bereits begangen haben. Und sie alle werden Fehler und Mängel nicht eingestehen, sondern im Brustton der Überzeugung behaupten, über den Stein der Weisen zu verfügen. Sicherlich gibt es Ausnahmen. Das will ich keineswegs abstreiten. Aber eine Schwalbe macht noch keinen Sommer, und ein vernünftiger Bürgermeister ist noch kein Indiz für eine landesweit vernünftige Kommunalpolitik.

In den nächsten Monaten und vielleicht sogar Jahren dürfte das Ziel einer Zurückdrängung der extremen Rechten in ihren verschiedenen Facetten ein illusorisches sein. Realistisch dürfte das einer Behinderung der Vergrößerung des Problems sein. Wenn wir Glück haben, Geschick und Ausdauer, wenn wir gute Bündnisarbeit leisten, dann könne wir eine solche Vergrößerung und Ausbreitung des Problems vielleicht sogar verhindern. Ob das gelingt, hängt von zahlreichen Faktoren ab. Nur einige davon können wir direkt beeinflussen.

Unserem Zugriff definitiv entzogen sind die internen Faktoren bei der extremen Rechten. Niemand vermag heute zu sagen, wie der Machtkampf um die Führung der NPD enden wird. Wird Udo Voigt trotz des von ihm mit zu verantwortenden Finanzdesasters an der Spitze der Partei bleiben? Wird er durch den früheren Waldorflehrer Andreas Molau abgelöst werden, der offenbar eine weitere Modernisierung der Ideologie anstrebt? Wird sich vielleicht gar der offene Neonazi Jürgen Rieger durchsetzen? Selbst wenn der Vorsitzende derselbe bleiben sollte, ist damit nicht automatisch gewährleistet, dass auch der Kurs unverändert bleibt. Viel wird davon abhängen, auf welche innerparteilichen Verbündeten sich Udo Voigt stützen muss. Wäre Molau ein Garant für die Zurückdrängung des Einflusses der »nationalen Sozialisten« in der NPD? Wohl kaum. Auf solche Entwicklungen werden wir stets nur reagieren können. Unverzichtbar ist und bleibt eine genaue Analyse dieser internen Entwicklungen. Deshalb bin ich, das soll an dieser Stelle betont werden, dankbar für die Existenz von Hintergrunddiensten wie der Zweimonatszeitschrift Der Rechte Rand. Die dort publizierten Analysen sind allemal relevanter als die Verfassungsschutzberichte.

Bezüglich der externen Faktoren lassen sich in der aktuellen Fachliteratur umfangreiche und vielfältige Handlungsempfehlungen für das Agieren von Politik und Gesellschaft finden. Die Liste von Büchern, Broschüren und Internetseiten, die Hilfestellung für die Auseinandersetzung vor Ort, in der Kommune, in der Jugend- und Vereinsarbeit leisten wollen, ist lang und wird täglich länger. Hier sehe ich den geringsten Mangel, auch wenn es gelegentlich schwer ist, die publizistische Spreu vom selteneren Weizen zu trennen.

Das notwendige konkrete Engagement vor Ort braucht aber weitere Rahmenbedingungen, die die betreffenden Akteure selbst in der Regel weder positiv noch negativ beeinflussen können. Medien beispielsweise, die das Thema Rechtsextremismus konjunkturell betrachten, können mit einer skandalisierenden Berichterstattung das Problem in den betreffenden Kommunen noch zusätzlich verschärfen und gleichzeitig davon ablenken, dass das gleiche Problem in dieser oder ähnliche Heftigkeit nur zwei Gemeinden weiter ebenso existiert. Andererseits kann über Medien, die sich nicht als Sprachrohr der Kommunalpolitiker und Provinzfürsten verstehen, politischer Druck aufgebaut werden.

Zu diesen externen Faktoren gehören auch die Förderprogramme auf Bundes- und Länderebene. Ich kann nicht die Sinnhaftigkeit jeder einzelnen Fördermaßnahme beurteilen. Mir ist es, offen gestanden, ziemlich egal, wenn einmal Geld auch für unsinnige oder überflüssige Projekte ausgegeben wird. In welchem Bereich der Politik kommt so etwas nicht vor? Doch mir ist es nicht egal, wenn es den Programmen an Kontinuität mangelt, wenn sofort wieder eine neue Sau durchs Dorf getrieben werden muss, weil ein aktuelles Problem drängend geworden ist, wenn bewährte Projekte qualifiziertes Personal aus Kostengründen entlassen müssen und gleichzeitig neue Projekte das Rad wieder einmal neu erfinden.

Es macht mich wütend, wenn ich sehe, dass die Finanzsorgen die inhaltliche Arbeit behindern. Wenn ein Träger gezwungen ist mehr zu arbeiten, obwohl er nicht weiß, woher er im kommenden Jahr die notwendigen Mittel bekommt, dann leidet darunter seine inhaltliche Arbeit. Jedes gut arbeitende Projekt, das diesem Mangel an Kontinuität zum Opfer fällt, ist ein Anlass zur Freude auf Seiten der extremen Rechten. In Sachsen hat man zwei anerkannte und engagierte Träger der Opferberatung dazu gezwungen, gegeneinander zu konkurrieren, weil die Staatsregierung ohne inhaltliche Begründung beschlossen hatte, künftig nur noch einen Verein zu fördern.

Durch das Raster ist, wie von Fachleuten erwartet, der Verein AMAL gefallen. Nicht sein vorgelegtes Konzept war schlechter, sondern er hatte in der Vergangenheit einfach weniger Rücksicht auf die Empfindlichkeiten der politischen Verantwortlichen genommen. Fördertöpfe werden auf diese Weise zu Mitteln der politischen Zensur. Das Beispiel AMAL vor Augen, wird sich so mancher andere Verein dafür hüten zu unbequem zu werden. Die viel zitierten und ebenso häufig gelobten »zivilgesellschaftlichen Organisationen« drohen ihre Unabhängigkeit zu verlieren und zum verlängerten Arm des Staates zu werden. Letztlich machen sie sich damit selbst überflüssig. Gruppen wie AMAL, die sich dieser Anpassung verweigern, werden ausgeschaltet. Die Neonazis triumphieren bei solchen Vorgängen. Die NPD kann sich auf die Schultern klopfen und erklären, dass die jahrelangen Angriffe, die Verunglimpfungen und Kriminalisierungsversuche von AMAL durch sie von Erfolg gekrönt sind. Ein Gegner weniger. Ich möchte mich gern irren, ich sehe jedoch eine Zunahme dieser Tendenz von Zensur und Selbstzensur, dieser Entpolitisierung der zivilgesellschaftlichen Gruppen gerade durch das neue Bundesprogramm »Jugend für Vielfalt und Toleranz«.

Es gibt Orte, in denen ein Nazi lediglich einen lauten Furz lassen muss, und schon sind die Nazis bundesweit in den Schlagzeilen. Besteht ein schlechter Ruf erst einmal, so wird sich mit Sicherheit schnell eine Bestätigung für diesen finden. Diese Berichterstattung kann sehr notwendig sein, wenn es darum geht, Aufmerksamkeit dafür zu erzeugen, dass in einer Gemeinde dringender Handlungsbedarf besteht. Sie kann schädlich sein, wenn sie ignoriert und davon ablenkt, dass in Wirklichkeit bereits intensiv an der Problemlösung gearbeitet wird. So lebt beispielsweise die Kleinstadt Wurzen seit Jahren mit ihrem bundesweiten schlechten Ruf als Nazihochburg. Sie hat ihn berechtigt bekommen. Immer wieder wurde geleugnet, dass es ein solches Problem gibt, und immer wieder wurden die Behauptungen als Propaganda entlarvt. Natürlich hat Wurzen dieses Problem noch immer. Probleme, die über Jahre entstanden und gewachsen sind, verschwinden nicht einfach wieder über Nacht. Und trotzdem sollte gerade über diese Städte mit dem schlechten Ruf berichtet werden, wenn sie Schritte in die richtige Richtung unternehmen. Inzwischen gibt es in Wurzen, unter einem neuen Oberbürgermeister, Unterstützung für die Auseinandersetzung mit dem historischen wie mit dem aktuellen Faschismus.

Und morgen? Morgen sind es hoffentlich jene Städte, die aktiv gegen Nazis werden, die ihre Bürgerinnen und Bürger dazu mobilisieren, die für ihre Engagement in die Schlagzeilen kommen. Natürlich kann ich eine Stadt nicht dafür verantwortlich machen, wenn Neonazis sie als Demonstrationsziel auserkoren haben. Sie ist verantwortlich dafür, wie auf diese Anmeldung und den Aufmarsch reagiert wird. Ich nehme gerne Grimma, die Stadt in der ich wohne, als positives Beispiel dafür. Ich lebe auch deshalb gerne in dieser Stadt, weil die Menschen dort offensiv Aktionen von Neonazis begegnen, weil sie Solidarität mit den Opfern rechter Gewalt zeigen und weil sie dabei trotz aller Unterschiede zwischen ihnen gemeinsam agieren und sich nicht spalten lassen. Mich jedenfalls stimmt es froh, wenn ich bei solcher Gelegenheit die junge Autonome Seite an Seite mit der engagierten Christin und der Stadträtin sehe. In Grimma habe ich Gelegenheit dazu.

Dort fand 2001 das Pressefest der Deutschen Stimme der NPD mit mehreren tausend Teilnehmenden statt, es wurden mehrere Demonstrationen durchgeführt. Selbstverständlich leben auch in dieser ehemaligen Kreisstadt Neonazis und antisemitische Schmierereien existieren ebenso. Trotzdem hatte Grimma im Gegensatz zu Wurzen nie den Ruf als »Nazikaff« bekommen. Im Gegenteil. Es gilt: Grimma? Die tun was! Wo und wann immer sich die Nazis regten, wurden Gegenaktivitäten organisiert. Über so manche Widerstandsform streitet man sich noch heute, einig ist man ich darüber, dass etwas gegen die Nazis getan werden muss. Und es wurde etwas getan: Gegendemonstrationen, Plakatwettbewerbe, Mahnwachen, Familienfeste auf dem Marktplatz mit öffentlicher Stadtratssitzung, bunte Wimpelketten …

Wir konnten uns zugleich darauf verlassen, dass die Stadtverwaltung mit uns gemeinsam nach kreativen und unorthodoxen Lösungsmöglichkeiten suchte. Was kann man als Verwaltung machen, wenn ein Gericht den Versuch, der

NPD einen zentralen Platz in der Stadt zu verwehren, zum Scheitern bringt? Man lässt Fantasie walten. Wenn das Gericht nicht verkündet hat, dass wir Strom und Wasser zur Verfügung stellen müssen, dann tun wir das auch nicht. Wenn dann beim strömenden Regen die Notstromaggregate der Nazis ihr Leben aushauchen, dann gibt es Skinmusik eben nur noch unplugged. Ein ästhetischer Genuss ist sie mit oder ohne elektrische Verstärkung eh nicht.

All dies gelingt nicht ohne die Einbeziehung der Bürgerinnen und Bürger. Als die Invasion der Neonazis bevorstand, lud der Bürgermeister zum Ratschlag in den Rathaussaal. Die ungewöhnliche Maßnahme nennt sich Demokratie. Über 200 Leute trafen sich im Ratssaal, ließen sich informieren und entwickelten gemeinsam Ideen. Ob es Gegenaktionen am Tag vor dem Nazitreffen geben sollte, was eher konservative Bürger bevorzugten, oder zeitgleich, was eher links Eingestellte befürworteten, wurde einfach demokratisch abgestimmt. Das Ergebnis war eindeutig: Die große Mehrheit war für zeitgleiche Aktionen. Der Polizei blieb es dann überlassen, dafür zu sorgen, dass die Nazis – ohne Alkohol – auf ihrem Platz blieben und nicht in die Stadt konnten, wo unser Programm lief, das wir gemeinsam beschlossen, geplant und vorbereitet hatten.

Und morgen? Lassen Sie mich einfach einmal von einem anderen »morgen« träumen, als es wahrscheinlich kommen wird. Lassen Sie uns doch einfach davon träumen, dass in allen Orten Sachsens ähnlich auf Nazis reagiert wird wie in Grimma bereits heute. Oder lassen Sie uns noch einen Schritt weitergehen. Ende 2007 rief mich ein Freund aus dem kleinen Harzstädtchen Bad Lauterberg in Niedersachsen an. Ob ich denn Lust hätte, in der kommenden Woche zu einer Antifa-Demo in den Ort zu kommen? In Bad Lauterberg sitzt nämlich ein NPD-Mann, der große Schweiger Michael Hahn, im Stadtrat, haben sich die Neonazi-Liedermacher Michael und Annett Müller niedergelassen, entsteht ein regionaler Schwerpunkt militanter Neonazis. Im Januar 2008 sollten die Landtagswahlen in diesem Bundesland sein. Man wolle mit dem Kampf gegen die Neonazis beginnen, bevor diese selbst mit ihrem Wahlkampf anfingen.

Wann denn die Demo sein solle, wollte ich wissen. Am kommenden Donnerstag. Ich war skeptisch. Morgens um zehn solle sie beginnen. Meine Skeptik wuchs. Schließlich hat Bad Lauterberg einschließlich der Ortsteile gerade einmal knapp zehntausend Einwohner. Doch, so beruhigte ich mich, zu diesem Termin hätte ich sowieso nicht gekonnt. Der Innenausschuss des Landtages hatte eindeutig Priorität. Am Tag nach der Demo war ich nicht mehr skeptisch. Fast 2500 Menschen hatten sich beteiligt. Die Schüler und ihre Lehrerinnen hatten ihren Unterricht ausfallen und stattdessen praktische Demokratie gelernt. In den 26 größten Betrieben des Landkreises hatte die Arbeit geruht. Die Belegschaft war mit gecharterten Bussen angereist. Die Betriebsräte hatten in Verhandlungen mit den Unternehmern diesen Schritt durchgesetzt. Und so sah ich die Bilder von den türkischen Arbeitern im Blaumann, die neben den Viertklässlerinnen mit ihren selbst gemalten Transparenten liefen, die Mitglieder der Grünen, der SPD und meiner eigenen Partei. Ich sah die Bilder der größten Demonstration in dieser Stadt in der Nachkriegsgeschichte. Die Bilder einer Demonstration gegen Neonazis, die ohne konkreten Anlass stattfand.

Die organisiert worden war, einfach weil es Nazis gibt und weil man zeigen wollte, dass man sie nicht will.

Und morgen? So wird es morgen sein in Sachsen! Manchmal werden schließlich auch Träume wahr, wenn ich auch zugeben will, dass dies eher selten der Fall ist. Das ist jedenfalls meine Utopie, eine linke Utopie. Die Utopie von einer Gesellschaft der Freien, Gleichen und Solidarischen. Wenn das blauäugig ist, dann will ich dies gern sein. Ich weiß natürlich, dass das nicht von allein so kommen wird. Auch in Bad Lauterberg hat es viel, sehr viel Arbeit gekostet, dieses Ergebnis zu erreichen. Aber die Leute dort haben sich getraut zu träumen und haben diesen Traum verwirklicht. So soll es sein, so wird es sein. Also: fangen wir an!

Literaturverzeichnis

Antifa-Kommission des KB (Hrsg.): Wie kriminell ist die NPD? Analysen, Dokumente, Namen; Hamburg: buntbuch, 1980

Antifa-Kommission des KB (Hrsg.): Wer mit wem? Braunzonen zwischen CDU/CSU und Neonazis. Ein Nachschlagewerk für Antifaschisten; Hamburg: buntbuch, 1981

Apfel, Holger (Hrsg.): »Alles Große steht im Sturm«. Tradition und Zukunft einer nationalen Partei. 35 Jahre NPD – 30 Jahre JN; Stuttgart: DS-Verlag, 1999

Bachem, Rolf: Rechtsextreme Ideologien. Rhetorische Textanalysen als Weg zur Erschließung rechtsradikalen und rechtsextremistischen Schriftmaterials; Wiesbaden: BKA, 1999 (BKA-Forschungsreihe, Bd. 44)

Backes, Uwe/Henrik Steglich (Hrsg.): Die NPD. Erfolgsbedingungen einer rechtsextremistischen Partei; Baden-Baden: Nomos, 2007

Beier, Katharina / Jenny Bogitzky / Hubertus Buchstein u.a.: Die NPD in den kommunalen Parlamenten Mecklenburg-Vorpommerns; Greifswald: Steinbecker Verlag, 2006

Bergsdorf, Harald: Die neue NPD. Antidemokraten im Aufwind; München: Olzog, 2007

Brandstetter, Marc: Die NPD im 21. Jahrhundert. Eine Analyse ihrer aktuellen Situation, ihrer Erfolgsbedingungen und Aussichten; Marburg: Tectum, 2006

Brodkorb, Mathias / Thomas Schmidt: Gibt es einen modernen Rechtsextremismus? Das Fallbeispiel Mecklenburg-Vorpommern; Schwerin: Friedrich-Ebert-Stiftung, 2002

Brodkorb, Mathias: Metamorphosen von rechts. Eine Einführung in Strategie und Ideologie des modernen Rechtsextremismus; Münster: Westfälisches Dampfboot, 2003 (einsprüche 14)

Brodkorb, Mathias / Volker Schlotmann (Hrsg.): Provokation als Prinzip. Die NPD im Landtag von Mecklenburg-Vorpommern; Schwerin: Adebor, 2008

Bündnis 90 / Die Grünen. Fraktion im Sächsischen Landtag (Hrsg.): Die NPD-Fraktion im Sächsischen Landtag. Strategie und Ideologie. Dokumentation eines Fachgesprächs der Fraktion Bündnis 90 / Die Grünen im Sächsischen Landtag am 24. Mai 2006; Dresden: Selbstverlag, 2006

Butterwegge, Christoph / Birgit Griese/Coerw Krüger/Lüder Meier/Gunther Niermann: Rechtsextremisten in Parlamenten. Forschungsstand, Fallstudien, Gegenstrategien; Opladen: Leske + Budrich, 1997

Cremet, Jean: Die extreme Rechte auf der Suche nach neuen ideologischen Ansätzen. Positionen und Polemik; Jena: Jenaer Forum für Bildung und Wissenschaft e.V., 1999

DGB-Bildungswerk Hessen e.V. (Hrsg.): Die NPD und ihr nationalrevolutionäres Umfeld. Materialien zur neueren ideologischen Entwicklung. Mit einer Einleitung von Jean Cremet; Frankfurt / M.: Selbstverlag, 2. Aufl. 1999

Dietzsch, Martin / Alfred Schobert: V-Leute bei der NPD. Geführte Führende oder Führende Geführte?; Duisburg: DISS, 2002 (Archiv-Notizen, Sonderausgabe August / September 2002)

Dudek, Peter / Hans-Gerd Jaschke: Entstehung und Entwicklung des Rechtsextremismus in der Bundesrepublik. Zur Tradition einer besonderen politischen Kultur, 2 Bde.; Opladen: Westdeutscher Verlag, 1984

Falter, Jürgen W.: Wer wählt rechts? Die Wähler und Anhänger rechtsextremistischer Parteien im vereinigten Deutschland; München: Beck, 1994 (BsR 1052)

Fascher, Eckhard: Modernisierter Rechtsextremismus? Ein Vergleich der Parteigründungsprozesse der NPD und der Republikaner in den sechziger und achtziger Jahren; Berlin: Dr. Köster, 1994

Flemming, Lars: Das NPD-Verbotsverfahren. Vom »Aufstand der Anständigen« zum »Aufstand der Unfähigen«; Baden-Baden: Nomos, 2005 (Extremismus und Demokratie, Bd. 12)

Forum für Kritische Rechtsextremismusforschung / Herbert-und-Grete-Wehner-Stiftung (Hrsg.): Diffusionen. Der Kleine Grenzverkehr zwischen Neuer Rechter, Mitte und Extremen; Dresden: Selbstverlag, 2007 (Reihe Wehnerwerk, Bd. 1)

Friedrich-Ebert-Stiftung (Hrsg.): Neue Entwicklungen des Rechtsextremismus. Internationalisierung und Entdeckung der sozialen Frage; Berlin: Selbstverlag, 2006

Gansel, Jürgen Werner: Antikapitalismus in der »Konservativen Revolution« in Deutschland 1918–1932; Gießen: o.V., 1999 (unveröff. Magisterarbeit)

Gertoberens, Klaus (Hrsg.): Die braune Gefahr in Sachsen. Personen, Fakten, Hintergründe; Dresden: Edition Sächsische Zeitung, 2004

Greger, Nick W.: Verschenkte Jahre. Eine Jugend im Nazi-Hass; Berlin: Exit Deutschland, 2006

Günther, Mathias (Hrsg.): Heute Sachsen, morgen Deutschland? Rechtsextremismus heute. Eine Bestandsaufnahme; Jena: quer, 2005

Hafeneger, Benno: Politik der »extremen Rechten«. Eine empirische Untersuchung am Beispiel der hessischen Kommunalparlamente; Schwalbach: Wochenschau, 1995 (Kopie)

Hafeneger, Benno: Sozialstruktur der extremen Rechten. Mandatsträger der »Republikaner« und der NPD am Beispiel der hessischen Kommunalparlamente; Schwalbach: Wochenschau, 1997

Heitmeyer, Wilhelm (Hrsg.): Deutsche Zustände, Folge 1; Frankfurt/M.: Suhrkamp, 2002 (es 2290)

Heitmeyer, Wilhelm (Hrsg.): Deutsche Zustände, Folge 2; Frankfurt/M.: Suhrkamp, 2003 (es 2332)

Heitmeyer, Wilhelm (Hrsg.): Deutsche Zustände, Folge 3; Frankfurt/M.: Suhrkamp, 2005 (es 2388)

Heitmeyer, Wilhelm (Hrsg.): Deutsche Zustände, Folge 4; Frankfurt/M.: Suhrkamp, 2006 (es 2454)

Heitmeyer, Wilhelm (Hrsg.): Deutsche Zustände, Folge 5; Frankfurt/M.: Suhrkamp, 2007 (es 2484)

Heitmeyer, Wilhelm (Hrsg.): Deutsche Zustände, Folge 6; Frankfurt/M.: Suhrkamp, 2008 (es 2525)

Heitmeyer, Wilhelm (Hrsg.): Deutsche Zustände, Folge 7; Frankfurt/M.: Suhrkamp, 2009 (es 2552)

Hoffmann, Lutz: Das deutsche Volk und seine Feinde. Die völkische Droge – Aktualität und Entstehungsgeschichte; Köln: PapyRossa, 1994 (Neue Kleine Bibliothek 42)

Hoffmann, Uwe: Die NPD. Entwicklung, Ideologie und Struktur; Frankfurt/M. u.a.: Peter Lang, 1999

Holtmann, Everhard: Die angepassten Provokateure. Aufstieg und Niedergang der rechtsextremen DVU als Protestpartei im polarisierten Parteiensystem Sachsen-Anhalts; Opladen: Leske + Budrich, 2002

Hundseder, Franziska: Rechte machen Kasse. Gelder und Finanziers der braunen Szene; München: Knaur, 1995 (Knaur TB 80047)

Kauffmann, Heiko / Helmut Kellershohn/Jobst Paul (Hrsg.): Völkische Bande. Dekadenz und Wiedergeburt – Analysen rechter Ideologie; Münster: Unrast (Edition DISS 8)

Kinner, Klaus/Rolf Richter (Hrsg.): Rechtsextremismus und Antifaschismus. Historische und aktuelle Dimensionen; Berlin: dietz, 2000

Klärner, Andreas: Zwischen Militanz und Bürgerlichkeit. Selbstverständnis und Praxis der extremen Rechten; Hamburg: Hamburger Edition, 2008

Klärner, Andreas / Michael Kohlstruck (Hrsg.): Moderner Rechtsextremismus in Deutschland; Hamburg: Hamburger Edition, 2006

Kraske, Michael / Christian Werner: ... und morgen das ganze Land. Neue Nazis, »befreite Zonen« und die tägliche Angst – ein Insiderbericht; Freiburg: Herder, 2007 (Herder Spektrum 3004)

Kronenberg, Michaela: Die demagogische Kraft des Wortes: Ideologiebildung von rechts. Eine Analyse rechtsradikaler Sprachspiele und Denkmuster in Medientexten; Berlin: dissertation.de, 2002

Kühnl, Reinard / Rainer Rilling/Christine Sager: Die NPD. Struktur, Ideologie und Funktion einer neofaschistischen Partei; Frankfurt/M.: Suhrkamp, 1969 (es 318)

Leggewie, Claus / Horst Meier (Hrsg.): Verbot der NPD oder Mit Rechtsradikalen leben?; Frankfurt/M.: Suhrkamp, 2002 (es 2260)

Maegerle, Anton: Globalisierung aus Sicht der extremen Rechten; Braunschweig: ARUG, 2005

Mecklenburg, Jens (Hrsg.): Braune Gefahr. DVU, NPD, REP – Geschichte und Zukunft; Berlin: Elefanten Press, 1999

Molthagen, Dietmar / Andreas Klärner / Lorenz Korgel / Bettina Pauli / Martin Ziegenhagen (Hrsg.): Lern- und Arbeitsbuch »Gegen Rechtsextremismus«. Handeln für Demokratie; Bonn: Dietz Nachf., 2008

Niethammer, Lutz: Angepasster Faschismus. Politische Praxis der NPD; Frankfurt/M.: S. Fischer, 1969

NPD: Politik in unserer Zeit. Das Manifest der NPD mit Erläuterungen; Hannover: DN-Verlag, 1967

NPD: Weg, Wille und Ziel; Hannover: DN-Verlag, 1967

Obszerninks, Britta / Matthias Schmidt: Die Parlamentsarbeit der DVU in den Hamburger Bezirken. Eine Dokumentation; Hamburg: Landeszentrale für politische Bildung, 2001

Opitz, Reinhard: Faschismus und Neofaschismus; Bonn: Pahl-Rugenstein Nachf., 1996

Perels, Joachim (Hrsg.): Der Rechtsradikalismus – ein Randphänomen? Kritische Analysen; Hannover: Offizin, 2003

Pfeiffer, Thomas: Für Volk und Vaterland. Das Mediennetz der Rechten – Presse, Musik, Internet; Berlin: Aufbau, 2002 (ATV 7037)

Pörksen, Bernhard: Die Konstruktion von Feindbildern. Zum Sprachgebrauch in neonazistischen Medien; Wiesbaden: VS Verlag für Sozialwissenschaften, 2. erw. Aufl. 2005

Räther, Dennis: Die sozialpolitische Konzeption der NPD in den neuen Bundesländern am Beispiel Sachsens; Hamburg: Diplomica, 2007

Röpke, Andrea: »Wir erobern die Städte vom Land aus!« Schwerpunktaktivitäten der NPD und Kameradschaftsszene in Niedersachsen; Braunschweig: ARUG, 2005

Röpke, Andrea/Andreas Speit (Hrsg.): Braune Kameradschaften. Die neuen Netzwerke der militanten Neonazis; Berlin: Ch. Links, 2004

Röpke, Andrea / Andreas Spreit (Hrsg.): Neonazis in Nadelstreifen. Die NPD auf dem Weg in die Mitte der Gesellschaft; Berlin: Ch. Links, 2008

Rowold, Manfred: Im Schatten der Macht. Zur Oppositionsrolle der nicht-etablierten Parteien in der Bundesrepublik; Düsseldorf: Droste, 1974 (Bonner Schriften zur Politik und Zeitgeschichte 9)

Rustemeyer, Hans: Mit uns der Sieg? Wandlung oder Scheitern der deutschen Rechten; Köln: Manfred Rouhs, 1997

Schröder, Burkhard: Im Griff der rechten Szene. Ostdeutsche Städte in Angst; Reinbek: Rowohlt, 1997 (rororo 22125)

Schulze, Andreas: Kleinparteien in Deutschland. Aufstieg und Fall nicht-etablierter politischer Vereinigungen; Wiesbaden: Deutscher Universitäts-Verlag, 2004

Schuppener, Georg (Hrsg.): Sprache des Rechtsextremismus. Spezifika der Sprache rechtsextremistischer Publikationen und rechter Musik; Leipzig: Wissenschaftsverlag Edition Hamouda, 2008

Schwagerl, H. Joachim: Rechtsextremes Denken. Merkmale und Methoden; Frankfurt/M.: S. Fischer, 1993 (Fischer TB 11465)

Smoydzin, Werner: NPD – Geschichte und Umwelt einer Partei. Analyse und Kritik; Pfaffenhofen: Ilmgau, 1967

Staud, Toralf: Moderne Nazis. Die neuen Rechten und der Aufstieg der NPD; Köln: Kiepenheuer + Witsch, 2005 (KiWi 909)

Steglich, Henrik: Die NPD in Sachsen. Organisatorische Voraussetzungen ihres Wahlerfolgs 2004; Göttingen: V & R unipress, 2005 (Hannah-Arendt-Institut, Berichte und Studien Nr. 49)

Stöss, Richard (Hrsg.): Parteienhandbuch. Die Parteien in der Bundesrepublik Deutschland 1945–1980, 4 Bde.; Opladen: Westdeutscher Verlag, 1986

Stöss, Richard: Rechtsextremismus im Wandel; Berlin: Friedrich-Ebert-Stiftung, 2005

Tauber, Kurt P.: Beyond Eagle And Swastika. German Nationalism Since 1945, 2 Bde.; Middletown: Wesleyan University Press, 1967

TOP Berlin (Hrsg.): Nationaler Sozialismus – »Antikapitalismus« von völkischen Freaks; Berlin: Selbstverlag, 2007

Virchow, Fabian / Christian Dornbusch (Hrsg.): 88 Fragen und Antworten zur NPD. Weltanschauung, Strategie und Auftreten einer Rechtspartei – und was Demokraten dagegen tun können; Schwalbach/Ts.: Wochenschau, 2008

Wagner, Peter M.: Die NPD in der Kommunalpolitik. Ursachen der Erfolge einer rechtsextremistischen Partei in Villingen-Schwenningen; Freiburg: Arnold-Bergstraesser-Institut, 1992 (Freiburger Schriften zur Politikwissenschaft 3)

Zobel, Jan: Volk am Rand. NPD: Personen, Politik und Perspektiven der Antidemokraten; Berlin: edition ost, 2005